Die 12 magischen Quadrate

als göttliche Siegel

Wahrnehmung und Interpretation subtiler Energie

Daniel Perret

Titelbild:
Grundriss des Berner Münsters mit den 12 magischen Quadraten
Gemälde von Sakaki Hyakusen (1697-1752)

**Die Natur produziert kaum Quadrate
im Gegensatz zu uns Menschen.
Wenn Hunderte von Quadraten im Gras auftauchen,
liegt etwas Ausserordentliches vor.**

Mit meinem Dank an Ute Otto für die Hilfe bei der Korrektur des Textes sowie an all die unsichtbaren Partner.

© 2020 Daniel Perret
Verlag : Books on Demand GmbH
12/14 rond-point des Champs Elysées
75008 Paris, France
Imprimé par Books on Demand GmbH
Norderstedt, Allemagne

Dépôt légal : April 2020

ISBN   9782322188772

Es ist Zeit, dass wir

- das Angebot der Geistwesen annehmen, mit uns zu kommunizieren und kooperieren zu wollen
- erkennen, dass wir ohne eine Kooperation mit ihnen aus den derzeitigen Schwierigkeiten nicht herauskommen
- subtile Energie kennen- und verstehen lernen
- mittelalterlichen Glauben und Ängste in Sachen unsichtbarer Welten und ihrer Wesen überwinden
- die wir unsere wissenschaftlichen Paradigmen erweitern
- geistig einen längst fälligen Schritt machen und unterscheiden lernen zwischen eigenen Projektionen und Realität
- auch in unserem Denken ins Wassermann-Zeitalter eintreten
- erkennen, dass ‚magische Quadrate' mit ‚Magie' und den Wundern der Schöpfung zu tun haben

Vorweg einige Faustregeln

Bei der Wahrnehmung von subtiler Energie sind, sollen unsere Beobachtungen der Realität möglichst nahekommen, einige einfache Regeln und Fragen zu beachten:

- Was ist meine echte Motivation?
- selber überprüfen, was wir von Dritten hören und lesen
- unsere eigenen Grenzen der Wahrnehmung akzeptieren
- versuchen die Motivation von Dritten klar zu erkennen

Inhaltsüberblick

Die Wahrnehmung subtiler Energie
Einführung – 7
Meine Grundlagen: Beobachtungen und Quellen – 13
Definition von Energie – 15
Zeitgebundene Paradigmen – 17
Arten feinstofflicher Energie – 18
Energiestrukturen – 21
Projektion oder Wirklichkeit? – 21
Das Alphabet der Energie – 22
Energiewahrnehmung – 23
Zusammenarbeit mit Geistwesen – 29

Methodologische Fragen – 31
bei der Interpretation des Unsichtbaren
Mein Vorgehen mit Geistwesen – 37

Magische Quadrate – 41
Meine Entdeckung der magischen Quadrate – 43
Die Symbolik des magischen Quadrates – 45
Die 12 Quadrate an Kultorten – 55

Anhang
Meine Glaubensüberzeugungen – 77
Herkunftsebenen feinstofflicher Energien – 78
Die 21 Sphären des göttlichen Feldes – 79
Die 32 Arten mentaler Energieschichten – 81
Die 24 Arten astraler Energieschichten
Liste der Widersacher-Kräfte
Energieschichten der menschlichen Aura – 83
Meine Beziehung zu Geistwesen – 88
Wer ist ‚C' – 90

Venus - Christine de Pisan, L'Epistre d'Othea (Paris, 1406)

Seit geraumer Zeit sind erhebliche energetische Veränderungen im Gang, sowohl von Menschen verursachte (5G, Funk, Mobiltelefonnetz, etc.) wie auch von ‚aussen' einströmende Energien kosmisch/göttlicher Natur. Sie alle zwingen uns, wollen wir im Gleichgewicht bleiben, unsere inneren spirituellen Qualitäten vermehrt zur Entfaltung zu bringen.
Das hat sehr viel mit ‚Herzenergie' zu tun.

Daniel Perret - Die 12 magischen Quadrate

Die Wahrnehmung subtiler Energie

Einführung

Über subtile Energie zu schreiben ist ein schwieriges Unterfangen. Einerseits sieht ‚man' üblicherweise Energie nicht, andererseits ist das Wesentliche an subtiler Energie, dass sie ständig in Bewegung ist und sich laufend verändert. Deshalb heisst das taoistische Weisheitsbuch I Ching auch ‚Buch der Wandlungen'. Was in unpräziser Weise als die ‚chinesischen fünf Elemente' bezeichnet wird, sind genauer gesagt die ‚fünf Wandlungen oder Wandlungsphasen der Energie'.

Wozu wollen wir überhaupt subtile Energie wahrnehmen? Das Unsichtbare ist unsere spirituelle Heimat. Dieses Unsichtbare hat keine physische Realität in unserem Sinne. Sie ist ausschliesslich subtile Energie. Diese Energie ist die Verbindung zu unserer spirituellen Heimat, zur Essenz.

Weiterhin auf eine Kooperation mit den unsichtbaren Dimensionen zu verzichten ist ein Luxus, den wir uns nicht mehr leisten können.

Die Wissenschaft des spirituellen Heilens lehrt uns, dass Heilungsprozesse im spirituellen Bereich beginnen und von da aus in den mentalen, dann astralen/emotionalen Bereich wirken, bis hin zum Ätherkörper als Baumeister unseres physischen Körpers. Diese Ebenen liegen im feinstofflichen Bereich. So interessant die Forschungen in den Neurowissenschaften sind, sie stossen auf eine Grenze solange sie nicht das mentale Energiefeld verstehen, das um den Kopf herum aktiv ist; desgleichen für die Psychologie und das astral-emotionale Energiefeld in unserer Aura.

Da wir im Wassermannzeitalter gelandet sind, steht eine erweitertes Wissenschaftsverständnis, ein Paradigmenwechsel vor der Tür. Die Erkundung subtiler Energie kann und muss auf wissenschaftliche Art und Weise angegangen werden. Unter ‚wissenschaftlich' verstehe ich ein systematisches, gründliches, gewissenhaftes Vorgehen, das östliche und westliche Wissenschaftsansätze anwendet; ein Vorgehen, das ein objektives Wissen schafft, das unabhängig von eigenen Projektionen und Wunschvorstellungen zu verstehen versucht, was subtile Wirklichkeit ist.

Ich hatte das Glück von 1979-99 bei unserem Meister Robert S. Moore an einer Ausbildung in der ‚Wissenschaft des spirituellen Heilens' teilzunehmen. Sein Vorgehen war von grosser Präzision, Empathie und Disziplin gekennzeichnet. Ich habe darüber Bücher verfasst. Dabei habe ich vor allem zwei Dinge gelernt: Energie wahrzunehmen und zu verstehen, sowie die spirituelle Dimension als die dauerhafte Instanz und Quelle allen Heilens zu erkennen.

Es deutet viel darauf hin, dass in letzter Zeit westlicher und östlicher Wissenschaftsansatz, aber auch sichtbare und unsichtbare Welten einander näherkommen. Die Kommunikationen zwischen intelligenten Wesen aus beiden Welten werden häufiger. In zahlreichen Fällen waren es Geistwesen, die mir etwas völlig Neues und Unerwartetes zeigen wollten.

Damit drängen sich Fragen auf:
Wie gehen wir damit um? Wie wissen wir ‚wer am Telefon' ist?

Die beiden Welten hatten sich gezwungenermassen im Mittelalter ‚getrennt', damit wir lernen konnten zu unterscheiden zwischen weisser und schwarzer Magie, egobasierter und altruistischer Motivation oder Fantasie und subtiler Wirklichkeit. Der streng materialistische Ansatz sollte uns dabei eine Zeit lang helfen klarer zu sehen. Doch grosse Teile unseres Denkens stecken noch in diesen mittelalterlichen Verwirrungen.

Dieser Schritt in der geistigen Evolutionsgeschichte Europas, hin zu der fast exklusiven Erforschung der materiellen Wirklichkeit, muss im historischen Kontext gesehen werden. Der Höhepunkt der Hexenverfolgungswelle in Europa liegt zwischen 1550 und 1650. Das war auch die Zeit der Religionskriege. Dem war die Inquisition vorangegangen, die bis in das 17 Jhdt. hinein aktiv blieb. Johannes Kepler, Galileo Galilei, René Descartes, Isaak Newton (1642-1727) erarbeiteten die Grundlagen der materiellen Physik, die bis zu Einsteins Relativitätstheorie und dann der Quantenphysik vorherrschendes Paradigma war.

Newton war nicht nur der rationale materialistische Wissenschaftler. Er hatte, laut Wikipedia, für sich einen alchemistischen Index mit 100 Autoren, 150 Schriften und 5000 Seitenverweisen unter 900 Stichworten angelegt. J.M. Keynes, der 1936 einen Grossteil der alchemistischen Handschriften Newtons für das Kings College in Cambridge ersteigerte, bezeichnete ihn als den letzten grossen ‚Renaissance-Magier'. Seine Arbeiten auf dem Gebiet der Physik waren sicher stark beeinflusst von Hexenjagd und den Folgen der Inquisition, sodass seine alchemistischen Arbeiten im Geheimen vorgehen mussten und nicht in seine Arbeiten zur Physik Eingang fanden. Die Geschichte der magischen Quadrate sowie der Erforschung der subtilen Energie muss in diesem Zusammenhang gesehen werden.

Der rational-materialistische Impuls des 16./17. Jhdt. erlaubte den Aufbau einer wissenschaftlichen Erforschung, die bestrebt ist frei von Ängsten und Emotionen zu sein. Wir mussten und müssen den Unterschied klar erkennen, was unsere eigenen Fantasien und Projektionen sind und was wirklich auf subtiler Ebene vor sich geht. Projektionen und Wunschdenken sind egobasiert und kommen aus einem Unsicherheitsempfinden heraus.

Das Unbekannte und Unsichtbare bringt uns in Neuland und ist also mit viel Unsicherheitsempfinden verbunden. Das kann vorerst Angst auslösen, denn so ist unser Sonnengeflecht-Chakra organisiert. Dieses Energiezentrum in der Magengegend hat einen besonders starken Kontakt zum Astralen. In dieses Chakra dringen u.a. Emotionen von aussen in unser System ein, z.B. weltweite Angstwellen bezüglich Corona-Virus oder Kriegsgefahr. Angst ist eine nützliche instinktive Reaktion. Ein gut funktionierendes Energiesystem in uns kann damit umgehen, unterscheiden, was brauchbar und was nicht brauchbar ist und ausgeschieden werden kann. Dazu ist Geduld, Disziplin, Liebe und Verstehen erforderlich. Das sind genau die Ingredienzen, die uns Angst nicht verdrängen aber überwinden helfen. Die Schwierigkeit des Angstphänomens sollte nie unterschätzt werden.

Dieser primäre, instinktive Mechanismus muss überwunden werden, wollen wir in unserer Forschung nicht eine Fixation auf Angstphänomene machen, z.B. dass die Natur, feinstoffliche Energien oder Geistwesen vor allem bedrohlich seien. Meine Erfahrung, und der spirituelle Ansatz generell, zeigen, dass die Natur, Energie und Geistwesen einen göttlichen Ursprung haben.

Wir können alle Manifestationen (Blumen, Bäume, Menschen, Sterne) auffassen als aus göttlichem Ursprung stammend. Dass Quadrate neulich, mit ausgeklügelter Einteilung, Nummerierung und Energie, nun auch sichtbar im Gras auftauchen, ist für mich ein deutliches Zeichen der Wesen der göttlichen Dimension bzw. des Universums. Offenbar wollen sie uns etwas mitteilen, etwas, das für unsere Zeit wesentlich ist.

Seit jeher gibt es Orte, die durch ihre Natur und ihren Gebrauch dem Studium der göttlichen Gesetze des Universums gewidmet sind. Diese Orte erhielten den Stempel oder die Siegel der Throne Engel. Das sind die magischen Quadrate. Sie sind in allen Kulturen, Traditionen und Religionen zu finden wie auch an Unterrichtsorten laizistischer/weltlicher Natur.

Ich werde hier nicht auf den mathematischen Aspekt der magischen Quadrate eingehen; das findet man in den meisten Schriften zu diesem Thema. Es wurde viel über den beschützenden Aspekt der magischen Quadrate in Form von Amuletten geschrieben. Ich werde nicht darauf eingehen, denn dieser bewirkt eigentlich das Gegenteil vom Gesuchten, nämlich eine Fixierung auf sogenannt negative Aspekte. Dies beruht letztlich m.E. auf Illusionen und wurzelt immer noch zu sehr im undifferenzierten Dualismus des Mittelalters. Ich beschränke mich hier auf das magische Quadrat dritter Ordnung, d.h. mit 3x3 Feldern.

Der Zufall, oder das Schicksal will es, dass ich neben einem seltenen heiligen Ort wohne, auf dem besonders seit Sommer 2019 hunderte von magischen Quadraten im Gras sichtbar sind. Dieses Phänomen beschränkt sich nicht nur auf diesen einen Ort. Es ist an einigen vergleichbaren Orten zu finden.

Bild: magisches Quadrat in Alésia-Eternoz bei Besançon, Feb. 2020, A. Binetruy

Daniel Perret - Die 12 magischen Quadrate

Es ist unumgänglich:
Unser Planet wird zunehmend durchflutet von hochfrequenter elektromagnetischer Strahlung: Radiowellen, Radarwellen, Mobiltelefon, Wifi, 5G, etc. Das ist einerseits technischer Fortschritt auf den wir nicht verzichten wollen. Andererseits belasten diese Strahlungen unser Immunsystem und können bei Menschen gesundheitliche Probleme hervorrufen. Der Corona-Virus ist ein Beispiel.

Die einzige Art uns im Gleichgewicht zu halten, besteht darin, unsere eigene Frequenz zu erhöhen indem wir vermehrt spirituelle Energien in uns zulassen und diese zum Ausdruck bringen. Das sind die subtilen Energiefrequenzen, denen wir uns im Folgenden zuwenden.

Meine Grundlagen: Beobachtungen und Quellen

Meine Überlegungen fussen auf folgenden Beobachtungen und Quellen:
- die physische Erscheinung dieser Quadrate von 108x108 cm im Gras an bestimmten Orten, beobachtet und fotografiert an mehreren hundert Beispielen.
- die taoistische Wissenschaft des Lo Shu Quadrates, die seit 4000 Jahren u.a. in der traditionellen chinesischen Medizin für Diagnostik und im Feng-Shui für die Geomantie angewendet wird.
- der Manifestation dieser Quadrate auf energetischer Ebene mit all ihren Details wie die 9 inneren Quadraten und der sehr speziellen Nummerierung, die überall festgestellt werden kann mit Pendel, Hartmannantenne und dergleichen. Die nicht Vorhersagbarkeit der jeweiligen Standorte und Orientierung der Quadrate. Feld Nr. 1 bleibt wohl in der Mitte einer Kante aber auf welcher Kante ist kaum vorhersehbar.
- Das Wissen um diese Quadrate ist vermutlich von China über Indien, Persien, Nahen Osten, Ägypten bis zu den europäischen Alchemisten des Mittelalters gekommen und hat zahlreiche Spuren in der wissenschaftlichen und esoterischen Literatur hinterlassen. Das ist nicht meine Sparte, aber ich bin auf diesbezügliche Werke und Angaben gestossen (der indische Philosoph des 2. Jhdt. Nagarajuna, Ikhw'n al-Saf' Ras'il, Al-Buni, Jābir ibn Ḥayyān, Cornelius Agrippa, u.a.m.).
- Seit über acht Jahren arbeite ich viel mit einem Collegium Geistwesen zusammen, die ich C nenne und im Anhang vorstelle. Sie geben mir genaue und zuverlässige Antworten, die ich auf vielfältige Weise auf Genauigkeit der Übermittlung habe prüfen können (siehe Abschnitt zur Methodik). Meine Kommunikation mit ihnen erfolgt weitgehend über Ja/Nein Fragen mit der Hartmann-Antenne. Ich gebe ein ausführliches Beispiel dafür in meinem Buch ‚Erd-Heilen', mit der

Wiedergabe eines Interviews mit einem Elementarwesen der 5ten Art. Diese Kommunikation entspricht einer spirituellen Fähigkeit, vergleichbar mit Hellhören etc. und ist nicht ohne weiteres jedermann zugänglich. Sie erfolgt mit Hilfe des Reflektor Äthers und der Hartmann-Antenne.[1]

Das Wort ‚*magisch*' erinnert uns an das Wunder der Schöpfung, eine Schöpfung, die in jedem Augenblick neu entsteht. Sie erlaubt uns eine innere Ausrichtung zu erkennen, die über unsere eigene Person hinausreicht und zum Leiden der Welt ein notwendiges Gegengewicht bildet:

bewundern – Dankbarkeit – dienen

Émerveillement – gratitude – service

‚bewundern' ist eine innere Regung, die uns nach aussen trägt
‚Dankbarkeit' hingegen, bringt uns zurück in eine Innigkeit
‚dienen' stellt uns ganz natürlich in den grossen Zusammenhang

Definition von Energie

Die zwei Grundformen der Energie sind Elektrizität und Magnetismus. [8]

Energie bezeichnet ein Potential, eine Aktion oder Wirkung herbeiführen zu können.

Energie schliesst die Lagerung von Information ein, da diese für kommende Aktionen potentiell zur Verfügung steht.

Soweit, so gut. Leider verstehen wir von der Wirklichkeit von Elektrizität und Magnetismus nur einen winzigen Teil, wie wir bei der folgenden Definition von Wikipedia gleich sehen können ….und sind uns dessen kaum bewusst.

Wikipedia: „Energie kann in einem System auf unterschiedliche Weise enthalten sein. Diese Möglichkeiten werden *Energieformen* genannt. Beispiele für Energieformen sind die kinetische Energie, die chemische Energie, die elektrische Energie oder die potentielle Energie (auch Lageenergie genannt).

Elektromagnetische Wellen, auch **elektromagnetische Strahlung** oder **Strahlung** sind Wellen aus gekoppelten elektrischen und magnetischen Feldern. Beispiele für elektromagnetische Wellen sind Radiowellen, Mikrowellen, Wärmestrahlung, Licht, Röntgenstrahlung und Gammastrahlung."
(Für die nähere Definition der unterstrichenen Begriffe siehe Wikipedia.)

Die subtile oder feinstoffliche Energie, die uns hier interessiert, ist **NICHT** Teil des Spektrums elektromagnetischer Energie im üblichen Sinn. Das ist für uns Menschen unfassbar, die wir gewohnt sind in diesen Kategorien zu denken. Für uns ist das beschriebene Spektrum ein Paradigma, d.h. eine Grundregel von der z.Z. keine Ausnahme denkbar ist.

Woher kommen Elektrizität und Magnetismus? Dazu die Christusbrief 5 [8], S. 20: „Das Werkzeug der schöpferischen

Energie des ‚Vater-Bewusstseins' – *Elektrizität* ist in einem Zustand der wechselseitigen Rücksichtnahme – des Gleichgewichts mit den Werkzeugen der schöpferischen Energie des ‚Mutter'-Bewusstseins' – *Magnetismus*." …"..um die Schaffung individueller Formen zu ermöglichen wurde ‚Universelles Bewusstsein' gespalten in Wille & Zweck, in ‚Vater'-Intelligenz & ‚Mutter'-nährende Liebe. …Ihre jeweiligen Werkzeuge waren (sind) Elektrizität und Magnetismus." „…Das Bewusstsein des Lebens ist Vater-Intelligenz (Impuls der Bewegung), sichtbar als Elektrizität und Mutter-Liebe (Impuls des Zwecks-Ernährung-Überleben) sichtbar als Magnetismus in der Materie." [8]

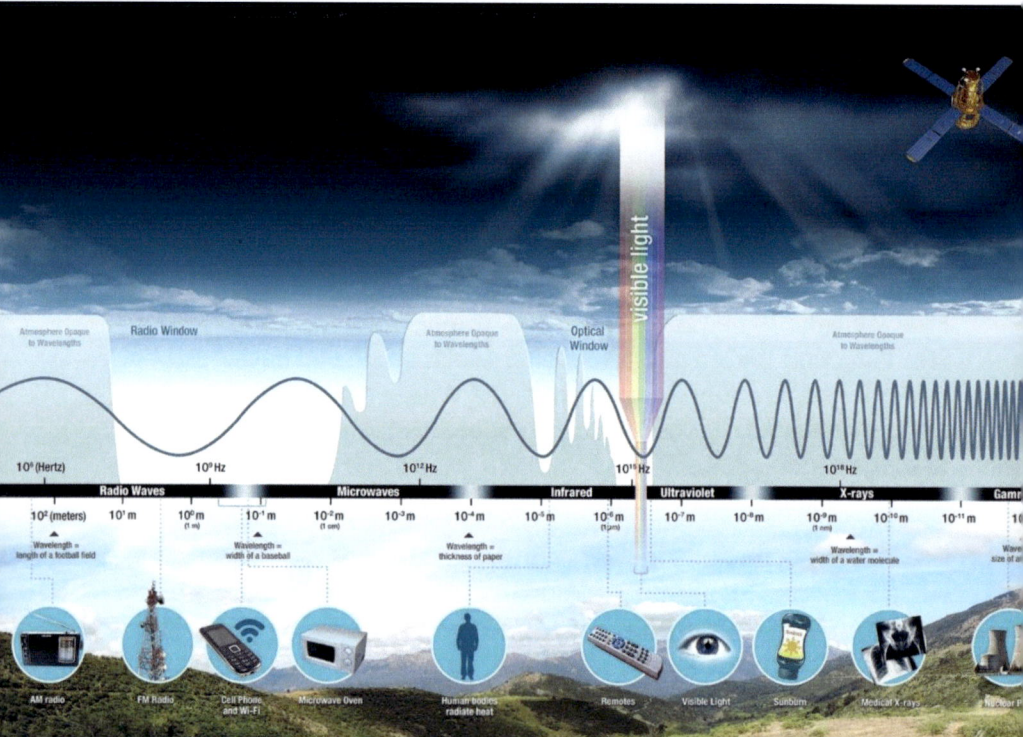

obiges Schema enthält NICHT die subtile Energie, die uns hier interessiert.

Zeitgebundene Paradigmen

Die westliche Wissenschaft baut allerdings seit jeher auf Paradigmen auf und weiss sehr wohl, dass diese von Zeit zu Zeit wechseln oder erweitert werden müssen.

Wikipedia: (Ein Paradigma bezeichnet) „… die Gesamtheit von Grundauffassungen, die in einer historischen Zeit eine wissenschaftliche Disziplin ausmachen. Beispiele für eine solche „grundlegende Weltsicht" sind das geozentrische Weltbild oder das heliozentrische Weltbild. Diese Grundauffassungen zeichnen vor, welche Fragestellungen wissenschaftlich zulässig sind und was als wissenschaftlich befriedigende Lösung angesehen werden kann. Wissenschaftliche Revolutionen in den Naturwissenschaften sind verbunden mit Wechseln der Paradigmen."

Die westliche Wissenschaft hat sehr wohl damit umgehen können, dass unsere Sinne mittels technischer Errungenschaften plötzlich beträchtlich erweitert wurden, wie z.B. durch das Mikroskop, Radars, Fernrohr, etc.

Die Grundregeln und Paradigmen der Wissenschaft sind demnach nicht absolut, sondern zeitgebunden und können wechseln. In der Erforschung der subtilen Energie ist es z.B. unumgänglich vom herrschenden Paradigma des beschränkten elektromagnetischen Spektrums weg zu einer viel weiter gefassten Auffassung zu gelangen. Ebenso ist es erforderlich die subjektive Wahrnehmung mit einzuschliessen, mit der notwendigen wissenschaftlichen Rigorosität.

Buddhistische Wissenschaftler z.B. unterziehen sich einem langen Training, um die erforderliche Rigorosität und eine erweiterte Wahrnehmungsfähigkeit zu erlangen. Dasselbe gilt in unseren Breiten. Ein sehr guter Kontakt zu den drei unteren Chakras [3] ist unumgänglich, um sich auf nicht-egobasierte, rein funktionierende obere Chakras verlassen zu können. Die ganze

Transformationsarbeit habe ich in mehreren meiner Bücher beschrieben, soweit dies überhaupt über Bücher geschehen kann. [3, 4]

Arten feinstofflicher Energie

Bei der Erforschung feinstofflicher Energie dreht es sich u.a. um Liebe, Schwerkraft, ätherischer, astraler, mentaler, spiritueller Energien (Inspiration, Intuition, etc. siehe S. 76ff). Jede der Energiehüllen in Grafik S. 80 besteht aus einer anderen Art feinstofflicher Energie. Wenn wir uns näher dafür interessieren, müssen wir lernen uns ausserhalb des konventionellen Denkens zu bewegen. Ein Paradigma Wechsel ist unumgänglich, um in diesem erweiterten Spektrum zu forschen. Wir sind, metaphorisch gesprochen, gefangen in einer Denkweise, die überzeugt ist, es gebe z.B. nur ‚metallene Objekte' (oder vertikale Schwingungen) und damit nur diese wahrnimmt.

Die Geistwesen von C reden von mehr als 50'000 Ebenen allein schon was die verschiedenen ätherischen Energiefelder angeht! Wir müssen einsehen, dass wir in Sachen subtiler Energien herzlich wenig wissen. Schon die erwähnte Komplexität der ätherischen Ebene ist für uns unvorstellbar. Sie ist ein Wunderwerk der Schöpfung. C meint die verschiedenen Frequenzarten sind: vertikal (für den konventionellen Bereich), horizontal für den spirituellen Frequenzbereich, diagonal (links unten nach rechts oben) für den astralen Bereich, (rechts unten nach links oben) für den ätherischen Bereich, spiralförmig für die Energie der Liebe, und in kleinen Informationspaketen für den mentalen Frequenzbereich. (siehe Anhang zur Identität von C)

Ich schliesse in der weiteren Ausführung die in Wikipedia erwähnten Energieformen aus und konzentriere mich auf subtile, d.h. feinstoffliche Energie. Wenn wir einmal unberücksichtigt lassen, dass alle Energie als göttlichen Ursprungs verstanden werden kann, ist es hilfreich auf dem

Gebiet der subtilen Energien vorerst grob drei Herkünfte zu unterscheiden:
1) kosmische/himmlische/göttliche
2) irdisch/tellurische/ätherische
3) menschlichen Ursprungs – untere, obere Egregor-Energie

Dies ist eine vereinfachte Einteilung, die insbesondere den zahlreichen ätherischen Schichten nicht gerecht wird.

Die Energien **kosmischer Herkunft** nehmen wir wahr mit Hilfe der oberen Wärmeätherschicht [1] (z.B. magische Quadrate, auch oberer mentaler Art, Energie der Liebe, die Energien der 21 spirituellen Sphären oder Ebenen [2], etc.)

Die Energien **irdischer Herkunft** (chemischer Äther, Lichtäther, Lebensäther – Gedächtnis der Orte, die zwei unteren Schichten des Wärmeäthers). Die 5 Arten Elementarwesen – vom kleinsten zum grössten – befinden sich in diesen drei ersten Ätherschichten. [1]

Energien, die in den folgenden Schichten wahrgenommen werden aber nicht von dort stammen.

Die Devas [1] befinden sich in den drei Unterschichten des Wärmeäthers.

Die äusserste Schicht des Wärmeäthers enthält auch Verbindungen zu Energien sehr hoher Art, nicht irdischer Herkunft (göttliche und ausserirdische).

Die Energiegitter[1] Nr. 1-8 werden im Lebensäther und den zwei inneren Schichten des Wärmeäthers wahrgenommen.

Die Energiegitter[1] 10 und 12 werden in der oberen Wärmeätherschicht wahrgenommen.

Über die drei groben Herkunftsarten hinaus müssten wir auch über astrale und mentale Energie sprechen. Dies unterlasse ich hier bis auf deren Erwähnung weiter unten unter dem Begriff Egregor. Wir stehen m.E. am Anfang der Erforschung subtiler

Energieformen. Die folgende Grafik gibt eine Idee der Felder subtiler Energie, die uns Menschen direkt umgeben. Diese Felder können von uns allen relativ leicht festgestellt werden mittels Hartmann-Antenne und dergleichen, unsere Hände und höhere Wahrnehmungssinne. Unter Anderem kann ihre Distanz zum physischen Körper gemessen werden.

Egregore sind Energien **menschlicher Herkunft** – untere und obere Egregorarten – diese sind ätherischer, astraler und mentaler Art (letztere enthält das Gedächtnis menschlichen Ursprungs des Ortes)

Ein Egregor kann zwei Komponenten besitzen:

- **untere Egregore, emotioneller Art** (unteres Astrale: Leiden, Depression, Verzweiflung, etc.) und unterer mentaler Art (intellektuelles Denken, grundlegende Denkstrukturen oder Glaubensüber-zeugungen, wie z.B. Zweifel)

- **oberer Art, Ego-freie** : oberer mentaler Art (Vertrauen, Glauben, Dankbarkeit, etc.) und oberer astraler Art (Mitgefühl, Devotion, Hoffnung, Freude, Grosszügigkeit, etc.).

Wir können einige dieser feinstofflichen Energiearten beobachten und beschreiben, doch das bleibt ein äusserst bescheidener Teil. In meinem Buch ‚Creating Divine Art – On the Origin of Inspiration' [2] zähle ich 24 ätherische Ebenen auf, 32 mentale, 24 astrale und 21 spirituelle (sie sind alle summarisch auf meiner Webseite aufgeführt). Jede hat einen eigenen Frequenzbereich, der nicht im konventionellen elektromagnetischen Spektrum zu finden ist. Siehe hier im Anhang die Aufzählung der 21 spirituellen Ebenen.
All dies sind Angaben, die ich von C habe.

Das Erstaunliche dabei ist, dass wir Menschen die Fähigkeit haben, all diese Energiearten wahrzunehmen: mit der Hand, der Hartmann-Antenne und dergleichen und hellen spirituellen Sinnen. Zum Glück nehmen wir jedoch nur das war, was uns im

Moment speziell interessiert. Dies erklärt auch warum zwei Menschen ganz verschiedene Teile dieser enormen Informationsmenge wahrnehmen und erforschen. Darin liegt natürlich die Schwierigkeit unsere Resultate zu vergleichen. Daher die grundlegende Forderung unsere Motivation rein zu halten. Sonst kommen wir in unserer Erforschung der subtilen Energien nicht voran und verirren uns im Sumpf der Ambitionen.

Energiestrukturen

Die Sprache des Unsichtbaren ist Energie, ihre Strukturen und Phänomene. Ihre Sprache ist präzis, doch nicht immer unsere Interpretationen. Das ist nichts aussergewöhnliches, handelt es sich doch für uns um die Erforschung des Unbekannten. Alle Teile der Schöpfung, ob sichtbar oder nicht, sind aus Bewusstsein heraus entstanden. Bewusstsein ist Intelligenz und stammt immer von einem Geistwesen, ob dieses nun auf physischer Ebene manifestiert ist oder nicht.

Projektion oder Wirklichkeit?

Interessanterweise können wir mit unserem Geist Phänomene auf energetischer Ebene selber schaffen. Unser Denken hinterlässt Spuren in unserem Ätherkörper und in demjenigen der Erde. Unsere Emotionen können ebenfalls Spuren in den Energiefeldern um uns herum hinterlassen.

Doch was ist nun Wirklichkeit und was ist ein von uns oder einer Gruppe Menschen geschaffenes Phänomen auf energetischer Ebene? Ich komme weiter unten auf die verschiedenen Energiearten zu sprechen.

Ich bin in Kirchen auf dieses Phänomen gestossen. Die Energie in Kirchen und gewissen Stellen im Gebäude ist zusammengesetzt aus verschiedenen Arten: teils tellurisch-ätherischer, teils spirituell-kosmischer Natur, teils aber auch aus Projektionen der Besucher. Ich kann die Grenzen dieser Energiefelder mit Hand und Antenne spüren. Die Art oder prozentuale Zusammensetzung der Energie muss ich mit der Antenne erfragen. Um eine Heiligenstatue herum finden wir im Wesentlichen positive Energie menschlichen Ursprungs, also nicht unbedingt ‚heiliger'/spiritueller Herkunft. In der Natur finden wir dasselbe. Was üblicherweise als Akasha-Chronik bezeichnet wird, ist zu einem grossen Teil im Ätherkörper der Erde, also des Ortes eingelagert und abrufbar. Die Geschichte von zehntausenden von Jahren bleibt an einem Ort auf diese Art erhalten, aber auch das Denken heutiger Menschen.

Es gibt auch Illusionen, die von Widersacher Wesen geschaffen werden, wir könnten sagen, um uns zu testen. In meinem Verständnis deuten diese auf Schwachstellen in uns, die derartige Hindernisse oder Illusionen anziehen.

Das Alphabet der Energie

Bei der Beobachtung von Energiestrukturen am Menschen, in der Natur, in Wohnräumen, etc. stossen wir immer wieder auf die folgenden Basisformen. Ich beschreibe sie hier z.T. auf der Ebene des persönlichen Erlebens in der menschlichen Aura so wie Bob Moore sie beschreibt. Über die mikrokosmisch-menschliche Ebene hinaus gelten die Eigenschaften auch analog für die Phänomene in der Natur.

Linien, auf der Energieebene, gibt es, im Detail betrachtet, keine geraden Linien. Es sind genau genommen immer Spiralen. Ich nehme z.B. Kommunikationslinien wahr von Naturgeistwesen bis zu meinem Kristall.

Punkt: Ein energetischer Punkt ist eine Bewegung, die abwechselt zwischen Zusammenziehen und Ausweitung. Das Kombinieren von zwei Punkten bzw. die Bewegung von einem Punkt zu einem zweiten, erweitert den ersten in einer natürlichen gerichteten Bewegung.

Bewegung: diese erlaubt z.B. einen ersten mit einem zweiten Punkt zu vermengen (englisch: to blend). Energiebewegungen werden bewirkt durch eine Absicht.
Dreieck: ist ein Energiegleichgewicht, das sich z.B. von der ätherischen Ebene zum physischen Körper hinbewegt.
Quadrat: bedeutet das Leben für dich als Individuum, was du zu dir hin anziehst und ausdrückst. Erdung, Manifestation.
Kreis: Wärme, Zirkulation, ohne Anfang und Ende, Spiegelung, Vertrauen, Freundschaft. Ich beobachte Kreise um jedes Wesen. Grosse Elementarwesen haben riesige kreisförmige Einflussgebiete. Heilige Orte 1. Ordnung z.B. besitzen 4 konzentrische Thronen-Kreise. [1]
Spirale: Energiebewegungen sind prinzipiell spiralförmig, sofern sie sich nicht an Ort stagnierend im Kreise drehen.
Kreuz: das präzise Aufeinandertreffen zweier Energieströme an einer bestimmten Stelle. Die 12 erdüberdeckenden Energiegitter kreuzen ihre Haupt- und Unterlinien in je spezifischen Abständen. [1]

Energiewahrnehmung

Jeder Mensch hat die Fähigkeit subtile Energie wahrzunehmen und hat dabei seine eigene Art dies zu tun. Nachahmen führt nur zu Illusionen. Die grosse Frage bei der Wahrnehmung feinstofflicher Energie muss denn auch bleiben:

> Ist das was wir beobachten
> Realität oder das Resultat unserer eigenen Projektionen und Wunschvorstellungen?

Wir können Energie mit Hilfe unserer feineren Sinne wahrnehmen, z.B. mit unseren Händen? Unsere Haupt Chakras haben einen Wahrnehmungsaspekt. Ich nenne sie die fünf horizontalen Wahrnehmungs-Scheiben. [3] Sie sind in unserem Ätherfeld relativ leicht auszumachen. Um das Wahrnehmungspotential der Chakras zu aktivieren, müssen Chakras durch eine

Schulung transformiert werden. Dies erlaubt uns von egobasierten Erwägungen zu objektiver Wahrnehmung der subtilen Dimensionen zu gelangen. Der Schulungsweg braucht seine Zeit. Abkürzungen gibt es nicht. Forcieren führt zu Ungleichgewicht und Illusionen.

Persönlich verwende ich in meiner Wahrnehmung, in dieser Reihenfolge:
1. ein Seh-Fühlen, das auch auf Distanz funktioniert
2. ein Fühlen mit der Hand (ätherisches Fühlen)
3. ein Fühlen mit der Hartmann-Antenne, das auf zwei Arten erfolgt
   a) über ein Fühlen mit meinem eigenen Reflektor Äther, d.h. die Antenne nimmt eine Energiestruktur wahr, sobald ich diese mit der Antenne berühre
   b) Geistwesen bewegen die Antenne mit Hilfe des Reflektor Äthers in Richtung einer nahen oder fernen Energiestruktur, die sie mir zeigen wollen oder um die ich sie gebeten habe
4. Kommunikation mit Geistwesen, um u.a. herauszufinden, was eine beobachtete Energiestruktur bedeutet oder von ihnen Anregungen zu erhalten; wieder mittels Hartmann-Antenne analog zu 3b
5. mein Gefühl, ob eine Information richtig ist
6. Ab und zu habe ich Klarträume oder Eingebungen in der Meditation, die mir Aussagen über Energie bringen.

In den allermeisten Fällen gehe ich von einem konkret beobachteten Energiephänomen aus. Das können Energiefelder des Menschen sein, eines Naturgeistwesens, einer Pflanze, eines Musikinstrumentes, etc. Auch magische Quadrate nehme ich in dieser Reihenfolge wahr. Die Hartmann-Antenne brauche ich in einem ersten Umgang vor allem, um zu bestätigen, was ich schon seh-fühle oder mit der Hand wahrnehme. Nur selten arbeite ich z.B. mit Landkarten, aber auch dann nicht, um zu sehen, was an energetischen

Phänomenen an einem Ort sein könnte, sondern um zu sehen, ob z.B. eine Kirche gemäss einem der Energiegitter orientiert ist.

In meinem Buch ‚Erd-Heilen' beschreibe ich im Detail, wie zu Beginn meiner Kommunikation mit Naturgeistwesen, Energielinien zu einem Bergkristall führten, der vor mir am Boden stand [1]. Es war zuerst eine Linie, die tagelang einfach da lag. Ich betrachtete sie und fragte mich schliesslich, was sie bedeuten sollte. Da mir nichts einfiel, entschloss ich mich ihr nachzugehen. Sie führte mich vom Kristall weg nach aussen in unser Wäldchen. Dort stoppte sie nach ca. 25m. Dort nahm ich eine kleine Energiesäule wahr und fragte schliesslich mit meiner Hartmann-Antenne was diese bedeutete. Es stellte sich heraus, dass die Undine von der Quelle im Feld nebenan da stand und mir etwas mitteilen wollte. Dies war der Anfang einer nicht endenden Serie von Kontakten mit Naturgeistwesen, die mir Einsichten brachten, wie die Natur, wie die Myriaden von Wesen, die all die täglichen Wunder der Natur vollbringen, funktionieren. Alles war von dieser einen Energielinie ausgegangen, von der ich zu Beginn keine Ahnung hatte, was sie darstellte.

Um gewisse Energien wahrnehmen zu können, ist es erforderlich
– sich dafür zu interessieren und die richtigen Fragen zu stellen
– Willen dafür aufzubringen und einen offenen Geist dem Unbekannten gegenüber zu haben
– auch Veränderungen in unserer inneren Haltung und den Grundlagen unseres Denkens vorzunehmen
– durch persönlich-spirituelle Transformationsarbeit an uns selbst, höhere Frequenzen zu erreichen und
– egoistische Motivationen zu vermindern, um eine dienende Haltung anzunehmen und mit anderen zu teilen, im Gegensatz zum Beeindrucken wollen anderer oder sonstige Vorteile zu erlangen

Es spielen derart viele persönliche Faktoren in der Erforschung feinstofflicher Energien mit, dass wir uns weiter unten den Fragen des methodischen Vorgehens zuwenden müssen.

Subjektive Erfahrungswelt und Rigorosität

Inwiefern sind Beobachtungen von Energie überhaupt vergleichbar? Ist ein Teil der Beobachtungen ‚persönlicher' Natur, d.h. an die Person des Forschers gebunden, auch wenn keine egoistischen Motive mitspielen? Der Dalaï Lama spricht von meditativer Wahrnehmung und subjektiver Erfahrungswelt, die ihren Stellenwert in der Forschung haben. Wie bringen wir wissenschaftliche Rigorosität mit subjektiver Wahrnehmung zusammen? Können meditative Wahrnehmungen Dritten glaubwürdig mitgeteilt oder bewiesen werden?

Dazu der Dalaï Lama in ‚Die Welt in einem einzigen Atom – Meine Reise durch Wissenschaft und Buddhismus' (2005)
„Wenn im Buddhismus von empirischem Erleben gesprochen wird, so wird Empirismus in einem weitergefassten Sinne verstanden, welche die meditative Wahrnehmung mit einschliesst, neben den Tatsachen, die durch die Sinne festgestellt werden." (übersetzt aus dem Englischen DP)
„Der Gegenstand der Forschung im Buddhismus beschränkt sich nicht auf das objektive (messbare, DP). Die buddhistische Forschung umfasst sowohl die subjektive Erfahrungswelt wie auch die Fragen der (ethischen, DP) Werte. Mit anderen Worten, die (westliche, DP) Wissenschaft beschäftigt sich mit empirischen Fakten aber nicht mit metaphysischen oder ethischen Fragen, wohingegen im Buddhismus die kritische Erforschung aller drei Gebiete wesentlich ist."

„Zusätzlich zur objektiven Welt der Materie, die die Wissenschaft so meisterhaft erforscht, gibt es die subjektive Welt der Gefühle (und feineren Empfindungen, DP), Emotionen, Gedanken sowie die Werte und spirituellen Bestrebungen, die auf erstere aufbauen."

Die feineren Empfindungen

Die meditative Wahrnehmung ist Teil der subjektiven Erfahrungswelt und umfasst die feineren Empfindungen. Diese liegen jenseits des Astralen, d.h. jenseits der schmerzlichen Emotionen (Hass, Ärger, Neid, Depression, etc.) und deren transformierten Zustände (Freude, Mitgefühl, Serenität, etc.). In Bewusstseinsbereichen jenseits des intellektuellen Denkens und des Astralen, bleiben nur die feineren Empfindungen, um Unterschiede festzustellen und Informationen in das Tagesbewusstsein zurückzubringen. Lernen Unterschiede im feinstofflichen Bereich festzustellen bringt ein erweitertes Bewusstwerden.

Meditative Wahrnehmung erfordert ein Training, das vor allem zu einer völligen Beruhigung des diskursiven Denkens führt, denn dieses Denken wird weitgehend genährt von schmerzlichen Emotionen (z.B. Minderwertigkeitsgefühlen). Objektive meditative Wahrnehmung ist eine vom Ego gereinigte Wahrnehmung. Sie erlaubt es ohne vorgefasste Meinung und Konzepte beobachten zu können.

Mediale versus spirituelle Fähigkeiten

Es ist notwendig zwischen meditativer Wahrnehmung und medialen Wahrnehmungen wie Hellsehen, Hellhören, höherem Tastsinn, etc. zu unterscheiden (engl. psychic faculties). Mediale Fähigkeiten sind nicht spirituelle Fähigkeiten; sie sind subjektive Wahrnehmungen, die mehr oder weniger stark vom Ego verfälscht werden können. Mediale Wahrnehmungen können jedoch auch Ego frei, rein und präzis sein. Der Weg der Transformationsarbeit der unteren Chakras bringt erst die erforderliche Klarheit z.B. im Stirn Chakra. In meinem Büchlein über Chakras [3] brauche ich folgende Darstellung des dritten Auges. Sie gibt uns eine Idee der Vielfältigkeit feinerer Wahrnehmungen und wie die unteren Chakras mit hineinwirken. Dies ist im Zentrum der Frage nach der Reinheit einer Übermittlung von künstlerischen Inspirationen, Kanalisationen von Botschaften, etc. Die Qualität der Quelle ist ein Faktor, die Verwässerung des Originalimpulses durch das Ego ist ein anderer.

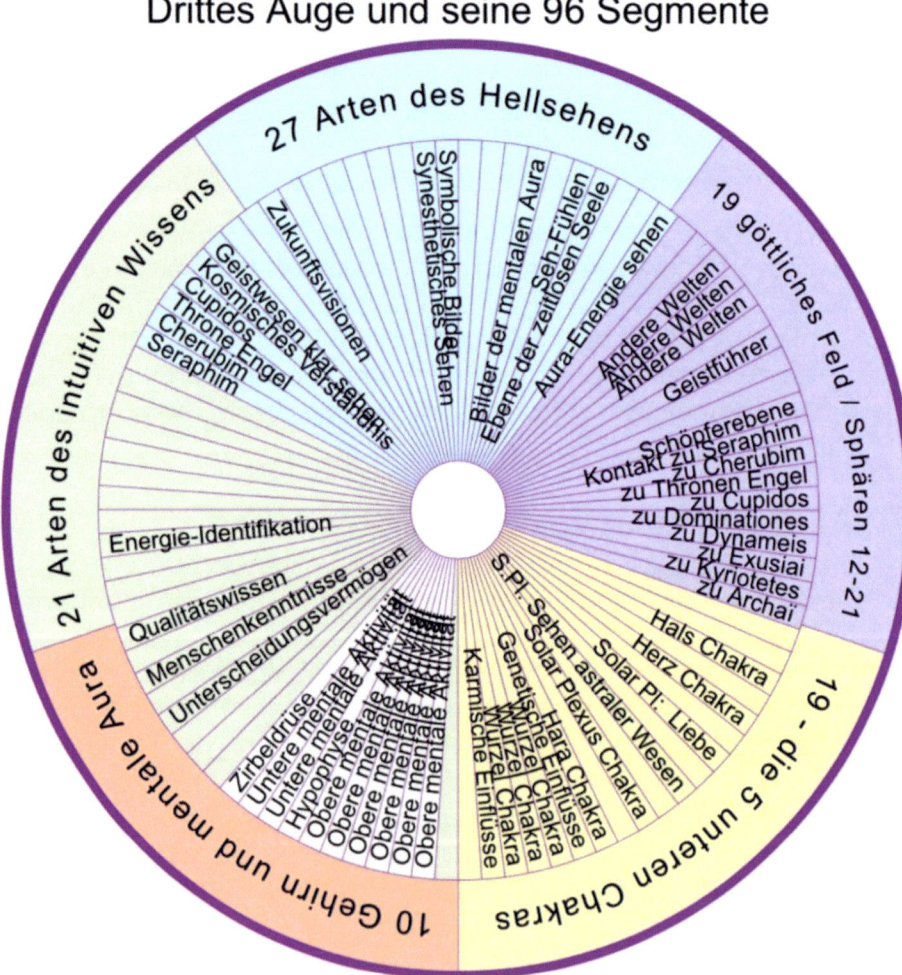

Daniel Perret - Die 12 magischen Quadrate

Zusammenarbeit mit Geistwesen

Seit gut acht Jahren hat sich für mich eine enge Zusammenarbeit mit Geistwesen ergeben. Ich habe sie nicht gesucht, wenngleich mein Leben lang erhofft und durch disziplinierte Transformationsarbeit angestrebt. Ich beschreibe im Anhang wie diese Kontaktnahme erfolgte. Dieser Kontakt ist für mich zu einer wesentlichen Informationsquelle geworden. Ein Grossteil meiner Informationen und Einsichten in die unsichtbaren Dimensionen stammen daher. Meine Verantwortung als Autor, Kursleiter und Vortragender brachte mich dazu die folgenden methodischen Überlegungen zu formulieren. Dabei geht es mir nicht um eine Rechtfertigung, denn diese ist m.E. aussichtslos. Es geht mir darum, Fragen aufzuwerfen, die gutwilligen Menschen ermöglichen selber einzuschätzen, wo sie in ihrem persönlichen Prozess der Wahrheitsfindung stehen und wie sie diesen auf natürliche und disziplinierte Weise vorantreiben können.

Woher mein sicheres Gefühl kommt, dass der Kontakt zu Geistwesen sowie die erhaltenen Informationen reell sind, kann ich nur vermuten. Ich nenne es ein spirituelles Unterscheidungsvermögen und zähle dieses zu den höheren spirituellen Sinnen. Auch wenn wir mit unsichtbaren Dimensionen kommunizieren, sind wir nicht ohne rationale Werkzeuge, um die Qualität des Kontaktes mit gesundem Menschenverstand zu evaluieren.

Gesunde Zweifel sind unerlässlich, doch müssen sie im Bereich des guten Willens bleiben, um konstruktiv zu sein.

Methodologische Fragen bei der Erkundung des Unsichtbaren

Im Bereich der feinstofflichen Energien und der Kommunikation mit Geistwesen dreht es sich vor allem darum ein Qualitätsniveau unserer Arbeit zu erlangen, die diese glaubwürdig und verständlich macht.

Nicht, weil wir mit dem Unsichtbaren zu tun haben, können wir leichthin alles und das Gegenteil behaupten. Der Qualitätsanspruch ist auf diesem Gebiet doppelt schwierig in den Griff zu bekommen.

Im Folgenden gehe ich über die Beobachtungen zu den magischen Quadraten hinaus und umfasse die Erkundung des Unsichtbaren generell.

Methodologie und Verträglichkeit der Resultate
Die Forschungsresultate der einen oder anderen sind oft nicht vergleichbar und scheinen sich auch zu widersprechen. Der Sinn der folgenden methodologischen Überlegungen, die unterschiedliche Wahrnehmungs- und Energiearten betreffen, zielen darauf ab, die Forschungsresultate vergleichbar und objektiv werden zu lassen; ‚objektiv' im Sinne von ‚nicht durch die eigenen Projektionen des Beobachters geschaffen oder stark verfärbt' zu sein.

Wie lässt sich eine unsichtbare Quelle überprüfen?
Unsichtbar ist nicht gleichbedeutend mit nicht wahrnehmbar. Um eine Quelle als aufrichtig und von gutem Willen stammend identifizieren zu können, muss der Fragende dieselben Qualitäten in sich tragen.

Um zu wissen, ob eine Aussage auf einem ungesunden Egoismus fusst (Geldgier, Machtgier, Minderwertigkeits- und Überheblichkeits-gefühl), muss man selber diese

Eigenschaften in sich weitgehend überwunden und transformiert haben.

Das heisst: Die Qualitätssicherung in der Kommunikation mit unsichtbaren Wesen muss von einer klaren Erforschung der eigenen Motivation ausgehen. Die Psychologie lehrt uns, dass, um eine klare Einsicht in sich selbst zu erlangen, viele Fallgruben erkannt und umgangen werden müssen. Wer meint kein oder kaum ein Ego zu besitzen, befindet sich wahrscheinlich auf dem Holzweg.

Spirituelle Entwicklung ist eine Disziplin wie Zen Bogenschiessen, Reiten, Saatgutveredelung, oder Geigenspielen.

Wie gehe ich in der Erforschung unsichtbarer Phänomene vor, wenn ich meiner eigenen Motivation nicht ganz sicher bin?
Wie bringe ich diesen eigenen Zweifel zum Ausdruck?

Es gibt eine Reihe Fragen, die wir uns dazu stellen müssen:

Inwiefern suche ich mit meinen Äusserungen
- die Anerkennung von anderen zu erhalten? z.B. indem ich Gruppencodes übernehme, an die Mitglieder einer Gruppe kritiklos glaube oder nicht hinterfrage?
- jemand zu kritisieren? Oder mich als besser hinzustellen?
- eine eigene Unsicherheit zu überspielen?
- ein eigenes Minderwertigkeitsgefühl zu verdecken?

Die Definition von gängigen Begriffen zu hinterfragen ist nützlich.
Wo oder wer ist deren Quelle?
Wie ist der betreffende Begriff belegt, argumentiert?

In meinem persönlichen Register ist die Frage der **Nützlichkeit** einer Beobachtung oder Information prioritär. Ist die Feststellung von gesellschaftlichem Nutzen? Inwiefern bringt uns das Beobachtete weiter?

Werkzeuge einer Erforschung der unsichtbaren Welten sind auf erweiterte und vertrauenswürdige spirituelle Fähigkeiten angewiesen. Diese erst erlauben über das übliche Messen, Wiegen und Recycling von intellektuellem Buchwissen hinauszugelangen. Spirituelle Fähigkeiten sind u.a.: Hellsichtigkeit, Hellhörigkeit, Psychometrie, spirituelles Unterscheidungsvermögen, klares Fühlen, Intuition, etc. Sie sind das Resultat der Transformation des Egos und demzufolge einer disziplinierten Arbeit an sich selbst. Psychometrie im hier verwendeten Sinne ist eine dreidimensionale Wahrnehmung von Energiestrukturen auf Distanz.

Qualitätssicherung
Fördern unsere Erkundungen den Kontakt zum Spirituellen und damit zum übergeordneten Verständnis der Ursachen; geben sie uns ein erhebendes Gefühl?

Sind unsere Resultate kohärent?
Die Geistwesen widersprechen sich nicht, die Antworten bleiben über einen Zeitraum hinweg beständig, gleichwertig und vernünftig, sie widersprechen nicht unserem logischen Verständnis.

Sind die Resultate progressiv?
Bringt der Beitrag der (vermeintlichen?) Geistwesen uns einen Schritt weiter; wir drehen uns nicht im Kreis. Bringen ihre Informationen echte, neue Einsichten und sind sie individuell wie gesellschaftlich nützlich; die Anhäufung von kuriosen Informationen allein genügt mir persönlich nicht.

Sind Sie unabhängig?
Inwiefern sind unsere Interpretationen durch Gruppencodes, Gruppenanerkennung und Autoritäten beeinflusst und verfärbt?

Verifizierbarkeit der Quelle

Sind Informationen von Geistwesen gekennzeichnet durch eine Verifizierbarkeit der Quelle? Ist die Quelle offen und bereit Auskunft zu geben? Kann sie verifiziert werden durch andere höhere Wahrnehmungen wie Hellsehen, Hellhörigkeit, Psychometrie, spirituelles Unterscheidungsvermögen, intuitives Gefühl der Richtigkeit oder durch den Dialog mit anderen Forschern.

Angesichts der unterschiedlichen Ergebnisse unserer Wahrnehmungen müssen wir uns den Ursachen zuwenden: die eigene Motivation erforschen sowie mit Verstand die Qualität der Ergebnisse betrachten. Hier einige Punkte zum Durchchecken:

Können unsere Resultate überprüft werden?

Was garantiert mir, dass sie nicht durch meine eigenen Projektionen, mein Wunschdenken entstanden sind?

Als ich die 12 Energiegitter erforschte [1], die mir C nahegelegt hatten, fand ich wohl 70 % der Kirchen platziert und orientiert gemäss eines der Gitter. Ich fand zum Glück auch welche, die nicht gemäss einem Gitter platziert oder orientiert waren. Einige wenige waren auch etwas verschoben worden, z.B. anlässlich eines Neubaus, um einer breiteren Dorfstrasse Platz zu machen.

Auch bei den magischen Quadraten waren nicht alle dort, wo ich sie erwartet hätte. Der Kirchenengel z.B. in der Kirche von St. Léon s/Vézère befindet sich nicht gleich hinter dem Haupttor, wie üblich, sondern in der zentralen Allee in der Nähe der Tür. Ich lernte, dass für ihn die Zentralallee offenbar Priorität hat über den Standort gleich hinter der Tür. Diese unvorhersehbaren ‚Unregelmässigkeiten' weisen für mich auf eine von mir unabhängige Informationsquelle hin.

Tauchen Ungereimtheiten auf, kann ich mich fragen:

Der Untersuchungsgegenstand
Ist das Objekt oder Phänomen von einer neuen, unerwarteten Art?
Hat die Energie, das Objekt seine Qualität oder Lage verändert?
Ist das Objekt plötzlich nicht mehr da?
Oder war das Objekt nie da? Verfolgte ich eine falsche Fährte?
Ist eine Voraussetzung zur Beobachtung nicht erfüllt?
Geistwesen können uns noch energetische Neuerscheinungen zeigen.

Die Geistwesen
Zieht etwas in uns die falschen Geistwesen an? (siehe Anhang für eine Liste der Widersacher Wesen)
Haben die Geistwesen inzwischen ihre Wahrnehmung der Problematik verbessert oder ihre Aussage präzisiert?
Verhindert ein ‚Wächter' die Wahrnehmung? Ist dieser Wächter eine Kreation/Projektion von uns? Welcher Art wäre er und was wäre seine Motivation? Ist die Information z.Z. nicht erfassbar?

Doch wie in Kontakt kommen mit vertrauenswürdigen Geistwesen?
Ich kenne nur die eine Antwort: unser Ego transformieren und damit unsere Motivation hinterfragen. Es sind unsere unsichtbaren Partner, die auf uns zukommen, wenn die Zeit reif ist. Wir können da nichts erzwingen, das wäre unser Ego und dem gelingt dies nie; es würde nur Illusionen schaffen und zweifelhafte Wesen anziehen.

Unsere Wahrnehmung und Denkweise
Unsere Denkweise beschränkt was wir wahrnehmen.
Haben wir innere Zweifel oder eine andere innere Blockade?
Haben wir die erforderlichen eigenen inneren Räume nicht genügend erschlossen?
Ist unsere Motivation nicht klar genug, möglicherweise zu egoistisch?

Zeigt mein Instrument mir neues Verhalten, das ich nicht gleich erkenne?
Ist meine Wahrnehmung ganzheitlich:
fühlen (Herz), verstehen (Kopf), messen/feststellen (Hand)?

Unsere Kommunikation mit den Geistwesen
War unsere Kommunikation mit den Geistwesen unpräzis?
Sind unsere Denk- bzw. Konzeptualisierungsebenen nicht dieselben?
War unsere Frage ungenau, nicht eindeutig?
Erfassen wir den Gegenstand unserer Erkundungen nicht präzis genug?

Unsere Interpretation
Haben wir die Geistwesen, bzw. unser Wahrnehmungsinstrument falsch verstanden?
Ist unsere Interpretation bzw. Lokalisierung und Wiedergabe ungenau?
interpretiere ich aus Gewohnheit Zeichen auf eine ungenaue Art?
Geben wir uns mit einem Teilaspekt zufrieden und sehen den Resten nicht? In Anbetracht eines neuen Phänomens interpretiere ich dieses unzureichend?
Ist unsere Interpretation stark gefärbt durch unsere Ego-Projektionen?

Unser eigener Boden
Inwieweit spiegeln meine Überlegungen und Äusserungen Grosszügigkeit, Menschenfreundlichkeit, Vertrauen in die spirituelle Dimension, meine immer eher relative Wichtigkeit wider?
Inwiefern färben die folgenden Qualitätsmerkmale von Lichtwesen auf mein Verhalten ab?

Checkliste   - wenn ich ganz ehrlich bin:
Von wem erwarte ich Zustimmung, Anerkennung, Lob, Bewunderung, Geld?
Was ist meine ehrliche Motivation, jenseits guter Absichten?
Kenne ich meine Unsicherheiten, Verletzbarkeiten, Tendenzen zu Minderwertigkeit-/Überheblichkeitsgefühlen?

Das Wesentliche
In meiner Erfahrung haben die Mitteilungen von Lichtwesen immer eine besondere Qualität:
- sie erheben und ermutigen uns
- respektieren unseren freien Willen
- sagen uns nur, was für unsere persönliche Entwicklung förderlich ist
- beantworten i.d.R. unsere Fragen nicht, wenn diese nicht wesentlich für unseren eigenen Prozess sind
- sagen uns nichts, wenn wir sie nicht fragen
- fügen auch nichts hinzu, was wir nicht gefragt haben
- das Wesentliche sagen sie uns in wenigen Worten und geben uns kaum jemals einen längeren Vortrag
- sie behalten immer das Ganze im Bewusstsein (Bedürfnis unserer zeitlosen Seele und die Bedürfnisse der Menschen um uns herum)
- sie geben grosszügig und bedingungslos

Mein Vorgehen mit Geistwesen
Nachdem ich einer Energiestruktur festgestellt habe (mit Händen, Seh-Fühlen und der Hartmann-Antenne) frage ich, um wen oder was es sich handelt. Das ist oft ein langes Prozedere in dem ich Listen von Fragen und Möglichkeiten durchgehe. Entweder bekomme ich gleich ein Ja oder Nein mit der Hartmann-Antenne oder ein einziges Item auf einer Liste schlägt positiv aus.

Die erste Frage ist: Habe ich es hier mit einem Wesen zu tun? Die zweite Frage: Ist dies ein Lichtwesen? Ist dies ein Widersacher Wesen? (siehe Liste im Anhang)

Meine langjährige Kommunikation mit Geistwesen lässt mich relativ schnell mit einer Folge von Fragen zum Wesentlichen vorstossen. Meistens weiss ich nicht im Voraus, worin das Wesentliche besteht, oder wohin ich geführt werde. Sodass eigentlich von Interpretation meinerseits nicht wirklich die Rede sein kann. Ich frage meinen Weg bis ich eine überzeugende Erklärung erhalte womit ich es bei der beobachteten Energiestruktur zu tun habe. C's Antworten sind immer sehr präzis. Ich sehe das z.b. bei Jahreszahlen oder Zeiträumen. Ich gehe mit meinen Fragen in langen Zeitsprüngen voran und verfeinere diese, wenn ich näher an die wirklichen Zahlen komme.

Natürlich spielt mein kultureller und spiritueller Hintergrund, vorab der Unterricht bei Bob Moore, eine grosse Rolle in der Weise wie ich zu den Fragen finde. Mein Verständnis der menschlichen Energiefelder baut darauf, was Bob Moore uns gezeigt hat und er uns hat erfahren lassen an uns selbst und an anderen im Rahmen von Behandlungen. Die Energiefelder jenseits der ‚spirituellen Aura', wie er sie nannte, habe ich z.T. selbst und sicher mit Hilfe von C gefunden, an Menschen und auf dem Papier, wenn diese Schichten zu weit vom Körper weg waren.

Wenn ich zum Abschluss eines Fragenkomplexes komme, frage ich C, ob ich das richtig verstanden habe, ob meine schriftliche Formulierung präzis ist. Ich ging so mehrmals durch die Liste der 21 Sphären (siehe Anhang). Kürzlich zeigten sie mir anhand der Liste und mit der Hartmann-Antenne, dass Sphäre 7 und 9 präziser gefasst werden müssten. So habe ich z.B. die Bezüge zur menschlichen Aura aus meiner ursprünglichen Liste herausgenommen.

Es ist nicht unmöglich, dass auch Geistwesen in ihrem Verständnis weiterkommen und gewisse Antworten nach einer Zeit präzisieren oder revidieren. Ich glaube, dass eine Zirkulation entsteht zwischen ihnen, mir und meinen Fragen, die sie stimuliert, etwas präziser zu formulieren, oder so, dass ich klarer verstehe, was sie meinen. Unsere Fragen und unser Interesse bringt einen Klärungs- und Erdungsprozess in Gang, auch für die Geistwesen.

Ich bin der Meinung, dass die Erfahrung mit Geistwesen eine persönliche ist und nicht notwendigerweise bewiesen werden kann. Die Nützlichkeit und Wahrhaftigkeit unserer Kommunikation beruhen auf der Reinheit unserer Motivation. Besitzen wir diese nicht, können wir sie auch nicht bei jemand anderem mit Sicherheit feststellen. Trotz allen Bemühungen, stösst die Kommunikation über das Unsichtbare an Grenzen.

Wie kann ich jemandem beweisen, dass:
- ich ein Reh im Walde gesehen habe,
- mich jemand echt liebt,
- ich jemand echt liebe,
- mich die Ehrlichkeit eines Geistwesens überzeugt hat
- ich die Gegenwart von UFOs hier in unserer Nachbarschaft wahrnehme....

Zum letzten Punkt: Die sind die meiste Zeit hier aber ich nehme wahr, wenn sie abwesend sind und stelle fest, dass dies immer dann geschieht, wenn z.B. mit Nord-Korea, mit Iran, mit den USA ein atomarer Konflikt in unmittelbare Nähe gerückt ist. Die Wesen bestätigen mir immer, dass dies zu ihren Aufgaben gehöre, einen Atomkrieg oder ein Atomunglück zu vermeiden, denn hier gehe es um den Planeten und nicht nur um Menschen.

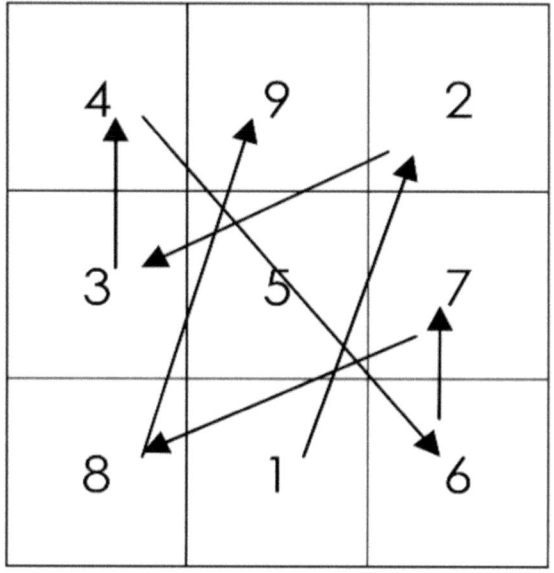

Daniel Perret - Die 12 magischen Quadrate

Magische Quadrate

Einführung

All dies hätte sehr wohl weiterhin in einer esoterischen Ecke verbleiben und nur wenige interessieren können. Doch seit im Sommer 2017 an einigen besonderen Orten physische Quadrate im Gras zu erscheinen begannen, wurden sie für alle auch sichtbar, und damit erst eine reale Tatsache. Wir sind es gewohnt Kornkreise zu sehen. Diese werden, laut Interviews mit Naturgeistwesen in den Flensburger Heften, von Feuer-Elementarwesen hergestellt. Magische Quadrate im Grass zu sehen, mit ihren neun inneren Quadraten und die stets identische, aussergewöhnliche Nummerierung, das ist etwas anderes. Da geht es nicht um Schönheit wie bei den Kornkreisen.

Warum erscheinen diese magischen Quadrate im Gras und was wollen die Urheber uns zeigen? Womöglich ist es das erste Mal, dass sie Energie in einer physischen Form in Erscheinung treten lassen.

Diese magischen Quadrate sind göttliche Siegel. Sie werden, laut C, von hohen Thronen-Engeln eingerichtet. Ein Siegel bezeugt die hohe Herkunft des Autors. Manche mögen sie ‚Tore' nennen, doch ich ziehe es vor von ‚Fenstern' zu sprechen. Sie sind ausserordentlich komplexe, detaillierte und ausgeklügelte Symbole, die eine Verbindung zum göttlichen Feld offenbaren.

Wenn wir uns im Folgenden ihrer Interpretation zuwenden, laufen wir Gefahr, sehr schnell in Konzepten stecken zu bleiben. Es scheint mir deshalb wesentlich, dass wir Zugang zur gefühlsmässigen Dimension dieser Quadrate finden, um wirklich zu ahnen, was diese Quadrate uns sagen wollen.

Definition
Ein magisches Quadrat, in unserem Kontext, definiert sich in einem ersten Umgang durch:
1. seine exakte quadratische Form
2. seine Masse 108x108 cm
3. ihre Einteilung in 3x3 Quadrate von je 36x36 cm
4. ihre Nummerierung nach dem Saturnsiegel
5. sein relativ hohes Energieniveau, verglichen mit seiner unmittelbaren Umgebung

Das Wort ‚magisch'
Es ist vielleicht symptomatisch für unsere westliche Kultur, dass sehr wenige Texte und Forscher das Wort ‚magisch' in diesem Zusammenhang hinterfragen. Warum wird es hier gebraucht und woher es stammt. In Büchern und Internet bin ich i.d.R. nur auf die mathematischen Überlegungen gestossen. Wären diese arithmetischen Überlegungen die Hauptsache an diesen Quadraten, dann hätten sie auch ‚mathematische Puzzle' genannt werden können oder allenfalls ‚rätselhafte Quadrate'. Doch warum nahm das Wort ‚magisch' überhand? Die Wurzel des Wortes: ‚Magus' oder ‚Magi' bedeutet ‚der Weise'. So wurden im alten Persien diejenigen Wissenschaftler genannt, die ein umfassendes Wissen der göttlichen Wissenschaften der Astronomie, Astrologie, Alchemie und Numerologie besassen.

Heute wird das Wort ‚magisch' gebraucht, wenn wir etwas übernatürliches, aussergewöhnliches beschreiben. ‚Magisch' bezieht sich dann auf wenig verstandene Phänomene physikalischer, subtil energetischer und ästhetischer Art. Ein ‚Magier' ist demnach jemand, der diese vergessenen Gesetze kennt und mit ihnen ‚unerklärte Wunder' vollbringen kann.

Bei einem gefühlsmässigen Zugang öffnet sich uns ein tieferer Aspekt des Wortes ‚magisch', indem uns z.B. eines der 12 Quadrate mit seinem Thema tatsächlich in die ungeahnten Tiefen seines Themas hineingleiten lassen kann. Siehe S. 55ff

Meine Entdeckung der magischen Quadrate

Es begann mit einem Kurs zum chinesischen Lo Shu Quadrat und dessen Zusammenhang mit den acht Basistrigrammen des I Ching. Da fand ich im Lo Shu Quadrat die 9 Frequenzen wieder, die ich im amerikanischen Buch (Horowitz/Puleo) zur Solfeggio Frequenzen gelesen hatte und die musikalisch einen Sinn ergeben hatten.

Kurz darnach fand ich in einigen Kirchen der Umgebung ein Widersacher Wesen an der linken Ecke des Altars. Gleichzeitig war der Kirchenengel nicht an seinem gewohnten Platz gleich nach der Eingangstür. Ich fand ihn draussen, links neben der Kirchentür weilend. Jedes Mal fand ich an den drei Standorten in den Kirchen ein magisches Quadrat. Irgendwann kam das Quadrat Nr. 4 dazu mit der Schwarzen Madonna Energie. Viel später ‚stiess ich' auf die Quadrate 5-8 und zuletzt auf die 9-12. Ich habe keinen Zweifel, dass es Geistwesen waren, die mir diese Quadrate zeigen wollten. Alles, was ich ab und zu beitragen konnte war zu fragen: ‚Haben wir nun alle magischen Quadrate in einem Kult Ort gesehen?'

Parallel dazu erforsche ich seit 2012 einen heiligen Ort 1. Ordnung [1], eine Doline in der Nähe. Sehr bald fand ich elf magische Quadrate: eines im Zentrum, je eines in den 8 Himmelsrichtungen, plus zwei Heilungsorte am Rand, die nicht den Quadraten Nr. 5 und 6 entsprechen. Die 12 Quadrate erschienen im Laufe von 2017.

Zwei verschiedene Untersuchungsgebiete

Wir können bei der Besprechung der magischen Quadrate **zwei Blickwinkel** einnehmen:

- **Unter Punkte 1-22** können wir versuchen zu verstehen, worin dieses göttliche Siegel besteht, d.h. die Tiefe der **Symbolik des magischen Quadrates** und seine generelle Struktur erkennen: Nummerierung 1-9, die Bedeutung der 9 Unterquadrate z.B. im Zusammenhang mit den Trigrammen des I Gings, Feng-Shui, Diagnostik in der traditionellen Chinesischen Medizin, etc.
- **Punkte 22-36** erschliessen uns durch die Betrachtung der **12 Quadrate an Kultorten**, die ‚heiligen' Quadrate', als Ensemble ein zusätzliches Potential.

Wir könnten z.b. die Interpretation der Symbolik des einzelnen magischen Quadrates ganz beiseitelassen und uns nur mit den 12 heiligen Quadraten beschäftigen, oder umgekehrt. Es sind bis zu einem gewissen Grad zwei verschiedene Untersuchungsgebiete.

Agrippa's Planetary Squares (1531)

SATURN

4	9	2
3	5	7
8	1	6

T = 15

JUPITER

4	14	15	1
9	7	6	12
5	11	10	8
16	2	3	13

T = 34

MARS

11	24	7	20	3
4	12	25	8	16
17	5	13	21	9
10	18	1	14	22
23	6	19	2	15

T = 65

SUN

6	32	3	34	35	1
7	11	27	28	8	30
19	14	16	15	23	24
18	20	22	21	17	13
25	29	10	9	26	12
36	5	33	4	2	31

T = 111

MOON

37	78	29	70	21	62	13	54	5
6	38	79	30	71	22	63	14	46
47	7	39	80	31	72	23	55	15
16	48	8	40	81	32	64	24	56
57	17	49	9	41	73	33	65	25
26	58	18	50	1	42	74	34	66
67	27	59	10	51	2	43	75	35
36	68	19	60	11	52	3	44	76
77	28	69	20	61	12	53	4	45

T = 369

MERCURY

8	58	59	5	4	62	63	1
49	15	14	52	53	11	10	56
41	23	22	44	45	19	18	48
32	34	35	29	28	38	39	25
40	26	27	37	36	30	31	33
17	47	46	20	21	43	42	24
9	55	54	12	13	51	50	16
64	2	3	61	60	6	7	57

T = 260

VENUS

22	47	16	41	10	35	4
5	23	48	17	42	11	29
30	6	24	49	18	36	12
13	31	7	25	43	19	37
38	14	32	1	26	44	20
21	39	8	33	2	27	45
46	15	40	9	34	3	28

T = 175

Daniel Perret - Die 12 magischen Quadrate

Die Symbolik des magischen Quadrates

1. **Der mathematische Aspekt** Ein magisches Quadrat dritter Ordnung besitzt 3x3 nummerierte Felder. Die besondere Anordnung der neun Zahlen bewirkt, dass deren Addition in jeder Linie, Kolonne, Diagonale immer 15 ergibt. Numerologisch wird 15 zu 6 reduziert. Wir können Zahlen auf ihren oberen und unteren Teil hin untersuchen. Die 6 weist eine Zirkulation auf der unteren/physischen Manifestations-Ebene auf und eine Inspirationslinie, die von der oberen/spirituellen Ebene kommt. Der Manifestationsaspekt wird somit hervorgehoben.

Mathematik mag sehr wohl eine symbolische Form sein, die auf tiefere Geheimnisse des Universums hinweist. Das dürften auch die Alchemisten des Mittelalters gemeint haben, als z.B. Agrippa die verschiedenen magischen Quadrate mit jeweils den symbolischen Eigenschaften eines Planeten in Verbindung brachte.

2. **Zuordnung der Planeten** zu den magischen Quadraten
Zur Zeit Agrippas, anfangs 16. Jhdt., war es üblich den magischen Quadraten verschiedener Ordnung die symbolischen Eigenschaften eines Planeten zuzuordnen. Ausser bei Saturn bin ich diesem Wissen nicht nachgegangen.

3. **Das Quadrat als geometrische Form**
Das Quadrat ist gekennzeichnet durch die Zahl 4. Diese symbolisiert das Element Erde, Erdung, physische Manifestation und Individuation (nach C.G. Jung). Das Quadrat bedeutet das Leben für dich als Individuum, was du zu dir hin anziehst und ausdrückst (Bob Moore). Das Symbol des Lebensäthers ist ein Quadrat.

Die Natur produziert kaum Quadrate im Gegensatz zum Menschen. Eine Mehrzahl unserer Gegenstände haben 4 Ecken, 4 Kanten: Bücher, Häuser, Schachteln, Handys, sogar

Autos. Wenn Quadrate im Gras auftauchen, liegt deshalb etwas Ausserordentliches vor.

4. **Magische Quadrate im Gras**

Wie kommen die konkret zustande? C: jedes dieser Grasquadrate hat, was die botanisch-geometrische Seite anbelangt, eine Deva zugeordnet, die als Baumeisterin wirkt. Sie kennt den Bauplan und dirigiert die kleinen Elementargeistwesen (Gnome für das Wurzelwerk, Undinen für die Wasserzirkulation und Bildung der Blätter, Stile etc., die Salamander für die Frucht- und Samenbildung, die Sylphen für die Düfte). Die Deva hat eine Deva Prinzessin über sich, die ihr die notwendigen Anleitungen gibt. Diese erhält sie direkt von den Thronen Engeln, die auch diese Quadrate initiiert haben.

Die Aufladung der neun Unterquadrate mit der Zahlenfolge des Saturnsiegels werden, wieder unter Anleitung der Throne Engel, von Sphäre 11 Geistwesen besorgt: Erzengel Saraquiel (seine Aufgabengebiete habe ich vorläufig so umschrieben: „Glaube und spirituelle Kraft"). Quadrate und Nummerierung schaffen sozusagen das Gefäss. Der Inhalt kommt direkt von den Throneengel (das betrifft alle Themen, die ich im folgenden bespreche, sowie das Energieniveau des Quadrates).

Wir finden diese Grasquadrate an Orten, die von vier konzentrischen Thronen-Kreisen umgeben sind, also Heilige Orte erster Ordnung: Alaise-Eternoz, Kloster Mariastein (SO), Berboules, Côte de Jor, Hofmannsruh, Odilienberg, etc. Natürlich müssen am Ort noch Grasflächen zu finden sein, um die Quadrate im Gras sehen zu können. Das ist z.B. bei Chartres und dem Mont St. Michel nicht mehr der Fall.

Es ist schwirig die Quadrate befriedigend auf ein Photo zu bekommen. Auf dem Gelände sind sie deutlich zu erkennen. Die energetischen Umrisse des grossen und der neuen kleinen Quadrate, wie auch die spezielle Nummerierung können jedoch klar mit Hartmann-Antenne und dergleichen wahrgenommen werden. Bedenken wir, dass da keine physischen Gärtner am Werk waren, so ist es dennoch beachtlich derartige

Foto am Wasserturm Berboules D. Perret 14.3.20

Unterschiede in der Vegetation rein über einen energetischen Einfluss hinzubringen.

5. Ihre Masse
Die Quadrate messen überall (in Kirchen oder im Gras) 108x108 cm, die inneren 9 Quadrate 36x36cm. Dies lässt sich mit dem Masstab messen. Wir bemerken die Zahl 9 in der numerologischen Reduktion.

6. Die Zahl 9
Numerologie ist nicht meine Spezialität. Ich gehe von der Betrachtung der Ziffer aus: in der oberen Hälfte, der spirituellen Ebene, finden wir einen Kreis=Zirkulation mit einer Linie, die auf die materielle Ebene herunterführt. Dies deutet auf Inspirationen hin, die von oben kommen.

7. Die Zahl 5
In der Zweiteilung der Zahl erkennen wir oben ein Quadrat, unten eine Zirkulation: dies weist für mich auf die Materialisation/Individuation auf der physischen Ebene hin.

8. Die 8 Trigramme im I Ching und ihr Symbolismus [5]

Magische Quadrate mit 15 Ziffern gab es, laut C, schon immer. Offenbar haben sich zuerst die Taoisten Chinas damit ernsthaft auseinandergesetzt. Die Grundlage des I Ching beruht auf 8 Trigrammen. Wenn diese kombiniert werden 8x8 gelangt man zu den 64 Hexagrammen des I Ching. Die 8 Randquadrate mit dem alten taoistischen Wissen zu verbinden gibt dem Verständnis des magischen Quadrates eine einmalige Tiefe. Das Lo Shu Quadrat, die chinesische Version des magischen Quadrates mit den Trigrammen, wird in der TCM für Gesichts- und Zungendiagnostik verwendet, aber auch im Feng-Shui. Im Folgenden gebe ich eine kurze Beschreibung der Symbole der 8 Trigramme:

1 Wasser kennt keine Hindernisse, es verliert nie seine Richtung und symbolisiert die Rückkehr zu unserer spirituellen Essenz. Wasser kämpft nicht, ist Sanftheit und Stärke, bringt Leben, ist der Ursprung allen Lebens. Die Wasserphase war auch der Zustand der Erde bevor diese physisch wurde.
2 Erde empfangend, kooperativ, untergeben, Manifestation. In der Erdenevolution erschien sie als erster verdichteter Zustand.
3 Donner auffahrend, wach, aufhorchend, Frühling, Freude, Selbsterziehung sowie Hoffnung, solange diese mit Bewunderung und Dankbarkeit verbunden ist.
4 Wind Verbreitung der Samen und Ideen, subtil, sanft, die einflussreiche Energie des Geistes
5 Erde-Zentrum stabilisierend, Quintessenz, Synthese, Harmonisierung, vereinigende Kraft, das Ganze
6 Himmel das Kreative, Positive, jenseits von Konzeptualisierung, der Schöpfer, Initiator, progressiv und ausdauernd
7 See, Spiegel Illusion, äussere Schicht des Reflektor Äthers die alles von oben Kommende reflektiert – das ganze göttliche Feld, Freude, Konstanz, Stille, geistiger Friede
8 Berg stille halten, Fokus gegen innen, stete Kraft, Übersicht

9 Feuer Ausstrahlung, Schönheit, Erleuchtung, Geist, schwer zu kontrollieren, zu aktiv, unstabil, Ambition, Verlangen

9. Die gegenüberliegenden Trigramme
Wasser-Feuer: die zwei gegensätzlichen Kräfte als Ursprung der Manifestation
Himmel-Erde: kreativer Schöpferimpuls trifft auf das Feminine Empfangende
Himmel-Wind: die Inspirationsachse, Schöpferimpuls findet Verbreitung
Berg-Erde: von der inneren Verwirklichung zur Manifestation
Berg-Wind: Übersicht und Verbreiten in alle Richtungen
See-Donner: stilles Spiegeln versus Weckruf

Die Trigramme 1-4 beziehen sich auf die erdgebundene Phase
Die Trigramme 6-9 auf eine spirituelle Phase

10. Die Diagonalen
Aus dem Taoismus lernen wir, dass die Diagonale von unten rechts nach oben links die Inspirationsdiagonale ist (vom Trigramm 6 Himmel hin zum Trigramm Wind/Dissemination 4). Von unten links nach oben rechts haben wir die Manifestationsdiagonale (vom Trigramm Berg 8 zum Trigramm Erde 2). Diese Richtung ergibt die neun Frequenzen der Solfeggio-Skala.

11. Die **neun Frequenzen** im magischen Quadrat
Vor Jahren bin ich auf das Buch ‚Healing Codes for the Biological Apocalypse' von Dr. L.G. Horowitz und Dr. J.S. Puleo gestossen. Darin wird entwickelt, wie im Buch der Nummern in der Bibel in Vers 12 die verschlüsselten Frequenzen der **Solfeggio Notenskala** zu finden sind. Ich fand die Erklärung, dass in biblischen Zeiten Leute von dreistelligen Frequenzen Kenntnis gehabt hätten unglaubwürdig. Ich liess die 9 Töne als Klangröhren erstellen und fand, dass sie musikalisch einen Sinn ergaben. Ich habe damit eingehend komponiert (‚Sounds like Heaven'). Mein Erstaunen war gross, als ich dieselben

Frequenzen im Lo Shu Quadrat wiederfand und zwar der Manifestationsachse folgend, von unten links nach oben rechts. 852 ist die erste unmittelbar sichtbare Frequenz. Reiht man dasselbe Quadrat oben und rechts aneinander, werden alle 9 Frequenzen sichtbar: 174, 285, 396, 417, 528, 639, 741, 852, 963. Einige vermuten, dies sei die ursprüngliche Tonleiter der Gregorianischen Gesänge. Während viele Bezüge im magischen Quadrat abstrakt erscheinen, ist dieser Aspekt ein nützlicher im Bereich der Musik.

12. Die drei vertikalen Kolonnen

Die linke Kolonne ist mit der Schöpfung durch Klang verbunden: unten ist der Grundton des Ortes, in der Mitte die Quinte, oben die Oktave. Der Grundton kann z.B. mit einem gleitenden Tonsingen mit dem Ausschwenken der Hartmann-Antenne gefunden werden. Die mittlere Kolonne ist mit der Schöpfung durch die drei Grundfarben verbunden: unten rot, Mitte gelb, oben blau. Die rechte Kolonne entspricht der Trinität: oben der Schöpfer, Mitte der Heilige Geist, unten der Vertreter auf Erden.

13. Die **drei horizontalen Sparten**

Die untere Linie entspricht dem physisch/ätherischen Bereich, die mittlere dem mentalen/emotionellen und die oberste dem spirituellen Bereich.

14. Der **Buchstabe A** und Saturn

Ich empfinde den Laut A als den ursprünglichen, unartikulierten Klang, der von Aussen herzukommt, also vom Universum. Denn er entsteht in uns, wenn wir den Mund ganz offen haben und auf keine Weise gestaltend eingreifen. ‚Ah!' ist denn auch der Laut des Erstaunens vor etwas sehr Weitem, dem Sternenhimmel z.B. Das mag auch im indischen AUM zum Ausdruck kommen. Wenn wir Saturn als Fenster zum Universum ansehen, gemäss traditioneller älterer Sichtweise, so macht die Assoziation mit dem Laut A Sinn.

15. Die Richtungen 4, 8, 12

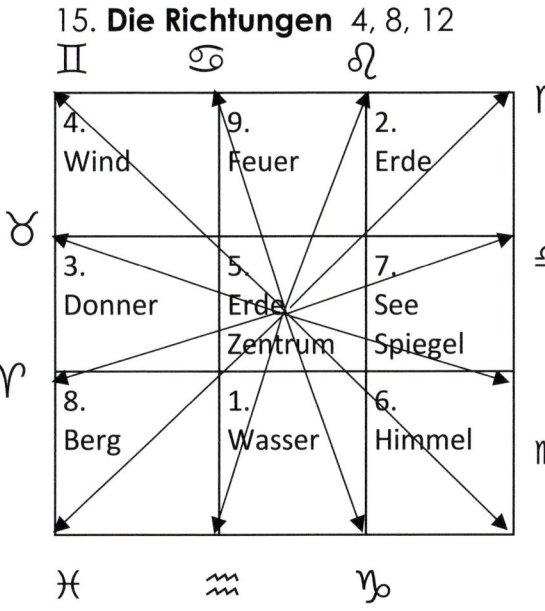

In der Chinesen Tradition des Lo Shu Quadrates entspricht die Sequenz der 8 Trigramme im Uhrzeigersinn die 4 Jahreszeiten: 1 Winter, ♐ 8 Sommer, 3 Frühling, 7 Herbst und die fünf chinesischen Wandlungsphasen der Energie.

16. Der Bezug zum Ganzen

Aus dem eben Beschriebenen ist erkennbar, wie sehr diese göttlichen Siegel uns mit dem Ganzen verbinden, wie sehr wir Teil des Ganzen sind; eine Tatsache, die wir vielleicht am besten erfassen können durch ein Gebet oder ähnliches. Denn das Ganze ist überwältigend und mit unserem Intellekt nicht fassbar. Neben dem Bezug zu den Zahlen 4, 8 und 12, ist die 1 vorhanden (Einheit, präsent mit

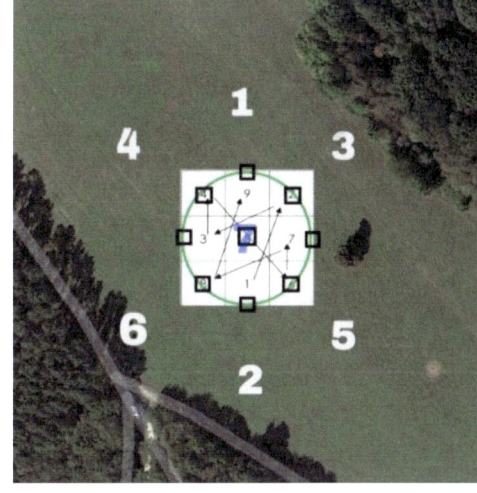

der zentralen Energiesäule und dem zentralen Quadrat), die 2 (die zwei Urkräfte des Göttlichen, Elektrizität/ Magnetismus, männlich/ weiblich, Aktion/Nähren), die 3 (im Kreationsprozess der Trinität), die 5 im Bezug zu uns, zur Quintessenz, die 6 als Manifestation der göttlichen Impulse, die 7 im Heptagramm [1], das an jedem Ort mitwirkt. Jede der 8 Himmelsrichtungen führt zu einem Quadrat auf dem Kreis mit dem 33 m Radius. Die Zahl 9 über die 9 Felder des Quadrates. Bild: weisse Zahlen des Heptagrammes mit dem 7 in der Mitte [1]

17. Das Saturnsiegel und das Unbekannte oder göttliche Feld. Saturn pflegte bis ins Mittelalter der entfernteste bekannte Planet zu sein und symbolisierte daher die Grenze zum Unbekannten, dem Jenseits. Man hätte die magischen Quadrate auch ‚Thronen Siegel' oder ‚göttliche Siegel' nennen können, da sie ganz offensichtlich höhere Wesen der Engelshierarchie kanalisierten. Throne drücken den göttlichen Willen aus und scheinen immer da aufzutreten, wo grundlegende Strukturen in der Energie der irdischen Ebene errichtet werden. Interessanterweise finde ich in Wikipedia folgenden Zusammenhang zwischen Throne Engel und Saturn: „In der **Kabbala** (DP: werden die Throne Engel) durch den Erzengel Tsaphkiel geführt, der in der ‚Binah Sephira' zuhause ist (= Intelligenz, eines der 10 Sephirot) und dessen Planet Saturn ist."

Der Saturn hilft symbolisch den Individuen stabile und solide Fundamente in ihrer Inkarnation zu schaffen. Bestimmt könnte noch mehr gesagt über Saturn und die Nummer 9 im Saturnsiegel werden. Möglicherweise ist die symbolische Dimension des Saturns weitgehend auf die westliche Esoterik beschränkt. Das weit ältere Wissen des chinesischen Lo Shu Quadrates, bezieht sich meines Wissens nicht auf Saturn. Man findet Angaben, die Saturn als den 9ten Planeten bezeichnen. Wir können auch 9 Energiefelder um den menschlichen Körper zählen. Die 10. Energiehülle würde uns dann zur Ebene der zeitlosen Seele und weiter ins Universum führen.

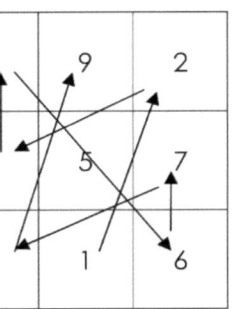

18. Das **Saturnsiegel als Initiationsweg?**

Wir können uns fragen, inwiefern der Weg, den das Saturnsiegel von Feld Nr. 1 bis 9 nicht auch ein Hinweis einer Progression in der Persönlichkeitsentwicklung bringt. Das Sich-Reiben an universellen Gesetzen bringt uns immer ein Stück weiter, ob dies hier über die Trigramme des I Ging, über die Symbolik der Planeten oder allenfalls einer Sequenz Tarotkarten geschieht.

19. **Psychologische/astrologische Aspekte des Saturns**

Die britische Astrologin Liz Green in ihrem berühmten Buch über Saturn: „Saturn wird in Zusammenhang gebracht mit dem erzieherischen Wert der Schmerzen und dem Unterschied zwischen äusseren Werten (DP: oder grundlegenden Denkstrukturen) – also diejenigen, die wir von anderen übernehmen – und den eigenen inneren Werten – diejenigen Werte, die wir uns selber erarbeitet haben (S. 10). (Seine dunklen Seiten) …operieren durch die Emotion der Angst (S. 11) …er ist der Hüter der Schwelle, der Hüter des Schlüssels zum Tor…" (zum Unbekannten, dem Universum, dem göttlichen einheitlichen Feld). „Die alte Kunst der Alchemie war oft diesem Ziel gewidmet." Das Akzeptieren unserer Herausforderungen bringt die Freilegung unseres Potentials mit sich und öffnet uns der Weisheit des Universums. Die fundamentale Substanz der Alchemie, deren letztliches Ziel die Umwandlung in Gold war, wurde ‚Saturn' genannt. Diese Substanz besass eine reale physische Existenz, symbolisch jedoch bezeichnete sie den Alchemisten selbst.

Da das Leben von kontinuierlichem Wandel gekennzeichnet ist, kommen wir nicht darum herum zu lernen mit dieser Unsicherheit umzugehen. Bei vielen löst dies Angstreaktionen aus. Doch Angst, solange man darauf sitzen bleibt, hindert uns daran das Unbekannte und Neue zu erforschen. Die Tatsache, dass Wesen der unsichtbaren Dimension uns diese magischen Quadrate vermehrt nahelegen und zeigen, gibt uns, bei der Erforschung des Unbekannten, ein Mittel in die Hand über die Angstphase hinauszugelangen; das Unbekannte umfasst die göttliche Dimension.

Die amerikanische Astrologin Kristin Fontana schlug mir vor Saturn als Treibkraft zu sehen, die die spirituellen Energien strukturieren hilft.

20. Die Geschichte der magischen Quadrate

Die ältesten Spuren, die diese Quadrate erwähnen, kommen aus China mit dem Lo Shu Quadrat. Sie dürften in China bereits am Anfang des Bronzezeitalters bekannt gewesen sein mit all ihrer universellen Tiefe.

Ich habe die Geschichte dieser Quadrate nicht studiert, aber einige Hinweise auf Internet zeigen, dass das Wissen zuerst nach Indian kam, von dort vermutlich nach Persien und den arabischen Forschern des Nahen Ostens, um schliesslich zu den europäischen Alchemisten des Mittelalters zu gelangen.

21. Das Bewusstsein einiger Quadrate in Europa und Tibet

In ihrem Buch über die romanischen Kirchen Frankreichs erwähnen Bonvin/Trillou ein magisches Quadrat nach dem Haupteingang einer Kirche. Leider beschreiben sie nicht, wie und wo genau sie es wahrnahmen, noch die Dimensionen und was sie darüber wissen. Auf Plänen des Samye Klosters in Tibet können wir feststellen, dass die vier Stupas (auch Chorten genannt) genau auf den Plätzen der ersten vier magischen Quadrate gebaut wurden. In der Kaaba in Mekka befinden sich drei der Quadrate am Standort der drei Innensäulen. Das kann kein Zufall sein. Mehr habe ich nicht herausgefunden.

22. Energie eines Quadrates messen

Da ich z.Z. die Boviseinheiten als sehr relativ auffasse, relativ zur persönlichen Skala des Beobachters, begnüge ich mich beim

Messen der Energie eines magischen Quadrates mit einer rudimentären Beobachtung der Distanz von meiner linken Hand zur vertikal darüberliegenden Hartmann-Antenne in der rechten Hand. Je weiter die Distanz bei der die Antenne ausschwingt, desto höher die Energie. So stelle ich fest, dass die Energie in einem magischen Quadrat mindestens doppelt so hoch ist wie ausserhalb des Quadrates.

23. **Einfluss des Beobachters**
Es ist nicht nur die Quantenphysik, die uns lehrt, dass der Beobachter auf das Beobachtete einen feststellbaren Einfluss hat. Meine Untersuchungen der Energien in Kirchen liess mich erkennen, dass neben irdischen/tellurischen und himmlischen/kosmischen Energien auch **Egregor-Energien** zu beobachten sind. Letztere haben zwei Komponenten: eine, die aus dem unteren Astral-/Mentalbereich kommt (egobasiert) und eine, die aus dem oberen Astral-/Mentalbereich stammt. Egregor-Energien sind von Menschen geschaffene und werden z.B. auf eine Statue projiziert. Vielleicht ist es gut, dass die Quadrate unsichtbar sind. Das verhindert, dass zu viel Egregor-Energien darauf projiziert werden.

Die 12 Quadrate an Kultorten
Zugänge zur mystischen Dimension

24. **Die Ortung** in Kirchen, Unterrichtsräumen und in der Natur
Bis heute habe ich magische Quadrate in allen Kultgebäuden und -orten in der Natur gefunden (siehe Beispiele unten). Ich habe sie auch in einigen Räumen gefunden, in denen u.a. über das göttliche Feld unterrichtet wird. Offenbar sind das Räume, die in einem weiten Sinn einen Einblick in die Funktionsweise des Universums vermittelt wird. Das liess mich zu folgender Überzeugung gelangen: Kulträume sind in Wesentlichen dazu da die Gläubigen und Suchenden über die Gesetze und

Funktionsweise des Göttlichen zu unterrichten und sie diese erleben zu lassen. [6]

Göttliches Feld: höhere Geistwesen, Engelhierarchien und deren Aufgaben

25. **Die 4 fundamentalen, grundlegenden Quadrate Nr. 1-4**

In meiner Erkundung der Quadrate war ich zuerst auf das generelle magische Quadrat gestossen. Dann fand ich, dass jeder Kirchenengel auf einem dieser Quadrate ‚stand' **Nr. 2**. Als ich auf gefallene Engel stiess, bemerkte ich, dass der Kirchen-Engel nicht mehr an seinem Platz war, sondern draussen links vor der Tür und zwar ebenfalls auf einem der Quadrate, **Nr. 1**. Dann bemerkte ich, dass der gefallene Engel in einer Kirche immer an der linken Ecke des Altars zu finden ist, ebenfalls auf einem magischen Quadrat **Nr. 3**. Wie ich auf das vierte Quadrat stiess, weiss ich nicht mehr mit Sicherheit. Sehr wahrscheinlich habe ich einfach C gefragt, ob sie mir noch ein weiteres Quadrat zeigen wollten. Dies, um zu illustrieren, dass die Entdeckung sehr pragmatisch vor sich ging und von Geschehnissen und Beobachtungen vor Ort ausgegangen ist.

Die folgende Beschreibung der Essenz jedes der 12 Quadrate geschah mit Hilfe von C und meiner Fragen mit Hilfe der Hartmann-Antenne. Die Tatsache, dass ich seit über 40 Jahren spirituelles Heilen studiere, ermöglichte es mir zu den ‚richtigen' Fragen vorzustossen. Die 4 fundamentalen Quadrate gibt es seit Urzeiten an heiligen Orten. Die Nummerierung folgt dem zeitlichen Ablauf meiner Entdeckung der Quadrate.

Nr. 1 ‚Heilig Geist' Quadrat. Dieses Quadrat scheint uns einen Zugang zur Natur des immerwährenden Schöpfungsprozess zu öffnen, dem heiligen göttlichen Atem, ‚the sacred Flow', ‚dem heiligen Strömen'. Bevor wir eintreten fragt uns Quadrat Nr. 1, ob wir bereit sind, uns für den Vorgang zu öffnen, den dieser Kult Ort anbietet. Denn dieser Ort ist im Grunde genommen explosiver Natur: er macht uns aufmerksam auf die grundlegenden Qualitäten des Universums, die da sind Liebe,

Wahrheit, Leben, kontinuierlicher kreativer Prozess dank der schöpferischen Kräfte mit ihrem unermesslichen Potential, ruhend in einem perfekten Zustand von Gleichgewicht und tiefer Stille.
Ort: links vor der Tür

Nr. 2 ‚Kirchenengel' oder Hüter des Sinnes des Ortes und des Universums. Ich erlebe diesen Hüter als segnend, begleitend und uns willkommen heissend. Es ist ganz klar eine Engelsgestalt, die während sachkundig geführter Zeremonien fast horizontal über den Anwesenden schwebt, mit ausgebreiteten Armen. Ausserhalb der Zeremonien ist seine Stellung vertikal über seinem Quadrat. Der Kirchenengel befindet sich auf der Zentralachse, dem symbolisch inneren Weg, der uns von der Tür zum Altar führt.
Dieses Quadrat ist ‚unbewohnt' solange ein gefallener Engel im Ort ist. Der Hüter des Sinnes wartet dann draussen auf dem Quadrat Nr. 1. Er scheint bei Messen vorübergehend wieder hereinzukommen und der gefallene Engel zeitweise wegzugehen.
Ort: auf der Hauptachse, i.d.R. gleich hinter der Tür

Nr. 3 ‚Der göttliche Impuls des Momentes'.
In jedem Augenblick kommen Impulse zu uns aus dem Universum/Göttlichen, also auch in Orten des Lernens, wie ein Kult- oder spiritueller Unterrichtsort. Diese Impulse können z.B. direkt über Intuitionen/plötzliche Einsichten und Gefühle zu uns kommen oder durch Lehrer, Priester, etc. Ist der Ort verunreinigt, kann ein gefallener Engel [6] auf diesem Nr. 3 Quadrat stehen bleiben, bis die Verunreinigung des Ortes geheilt wird. Der reine göttliche Impuls kann erst durchdringen, wenn der Ort auch seine ursprüngliche Reinheit wiedererlangt hat.

Dazu ist es m.E. notwendig die Definition des ‚Göttlichen' weit zu fassen. In den ‚Christus Briefen [8] Nr. 5, S. 18: „Die äusserste universelle Dimension des Bewusstseins/der Erkenntnis kann ein individualisierter Geist niemals vollständig oder wirklich kennen. Sie ist unerreichbar; sie ist im Gleichgewicht. Sie ist die einzige Quelle aller Kraft, Weisheit, Liebe, Intelligenz. Die universelle Dimension von Bewusstsein/Erkenntnis im perfekten Gleichgewicht ist ein Zustand der Ruhe & Stille, aus dem Laute, Farben, individualisierte Formen und alle Schöpfungskraft im sichtbaren Universum kommt." „Es gibt nichts im Universum, was nicht sichtbar gemachtes Bewusstsein ist." Bewusstsein stammt immer von einem Geistwesen, ob dieses nun auf physischer Ebene manifestiert ist oder nicht.

Nr. 4 ‚Das zeitlose Weibliche/die Schwarze Madonna';
Während der Impuls auf Quadrat Nr. 3 erlebt wird, benötigen wir das Rezeptive (in uns), damit eine Befruchtung stattfindet. Die Energie des Quadrat Nr. 4 gibt uns die Möglichkeit diese bedingungslose Rezeptivität, das ursprünglich Natürliche in uns erleben zu können. Die Erdgöttin/Schwarze Madonna heisst uns hier willkommen und akzeptiert bedingungslos alle unser Anliegen und Sorgen womit wir an sie herantreten. Sie ist das Symbol der mütterlichen Liebe, die uns ‚als Kind', in unserer nackten, wehrlosen Natürlichkeit empfängt.
Ort: Im linken Querschiff, sofern das Gebäude ein solches aufweist. Sonst befindet sich dieses Quadrat oft links an einer Aussenwand unweit des Altars.

26. Die 4 Quadrate der persönlich-spirituellen Entwicklung 5-8
Nr. 5 ‚emotionell/mentaler Harmonisierung/Ausgleich'
Ein Ort der Heilung, Reinigung und Harmonisierung zwischen höheren Aspekten unserer selbst sowie den schmerzlichen Emotionen und repetitiven Gedankengängen. Die Energie dieses Quadrates erleichtert ein Überprüfen unserer Denkgrundlagen, denen ein mentales/emotionelles Ungleichgewicht zugrunde liegt. Dies ist eine permanente ‚Baustelle', das Wesentliche unserer Durchreise auf Erden.
Ort: entlang der rechten Aussenmauer, parallel zur Zentral Allee, etwa halbwegs zwischen Eingang und Altar.

Nr. 6 ‚physisch/ätherischer Ausgleich'
Ort der Heilung, Reinigung und Harmonisierung von physischen Schmerzen durch das Einsickern feinerer/höherer Energien. Eine Disharmonie manifestiert sich zuerst auf der mental/emotionalen Ebene, dann auf der ätherischen, bevor sie sich auf der körperlichen Ebene bemerkbar macht. Im Ätherkörper, dem Architekt und Baumeister unseres physischen Körpers, ist ein Ungleichgewicht oft Monate vor der physischen Manifestation fühlbar.
Ort: entlang der linken Aussenmauer, parallel zur Zentral Allee, etwa halbwegs zwischen Eingang und Altar, auf gleicher Höhe wie 5.

Nr. 7 ‚letztliches Loslassen' des Egos und Erleben der wahren Natur des Geistes. Nach der Läuterung bei 5 und 6 können wir uns wieder der zentralen Achse (in uns) zuwenden und dem was uns von dieser Zentriertheit fernhält. Eine Meditation zum Thema Leere drängt sich auf, ein Leerwerden von überholten falschen Konzepten und Ideen. Diese Meditation wird sich dem persönlichen Entwicklungsstadium des Einzelnen anpassen müssen. Unser Ego behält seine Nützlichkeit solange eine Festigung der Individualität dies erfordert. Dann kann langsam dem Göttlichen in uns Platz gemacht werden. Symbolisch ist dieses Quadrat ein Ort des Kniefalls, der Bescheidenheit, der Unterwerfung des Egos unter das Göttliche, dem Zeitlosen.
Ort: in der Zentralallee etwas näher dem Altar als 5 und 6

Beim Weiterschreiten in Richtung Altar kommen wir zu der Stelle, wo sich Längsachse und Querschiff kreuzen. In dieser Zone finden wir zuerst die drei Quadrate 10, 4 und 8.

Nr. 8 ‚Eins-Werden mit unserer zeitlosen Seele'
Die Energie dieses Quadrates unterstützt den vertikalen Bezug, die innere Ausrichtung zu unserer zeitlosen Seele und dem göttlichen Ursprung des Universums, der Energie von Liebe und Wahrheit. Die Zahl 8 symbolisiert das Aufeinandertreffen der

oberen, spirituellen, ‚himmlischen' Zirkulation und der Zirkulation im Irdischen, Physischen und erinnert uns daran, dass diese Einheit immer schon da war.
Ort: symmetrisch zu 4 im rechten Arm des Querschiffes. Wenn letzterer fehlt, so ist das Quadrat meist nahe der rechten Aussenwand.
Die Quadrate 5-12 gibt es an heiligen Orten erst seit Buddha und Christus. Sie blieben bisher aber weitgehend unbekannt.

27. Die 4 unbeschreiblichen Quadrate Nr. 9-12

Nr. 9 ‚Bedanken beim Schutzpatron des Ortes'

Die Energie dieses Quadrates erinnert uns an die Einmaligkeit dieses Gebäudes in seiner ortsbedingten Besonderheit, seiner lokalen, historischen Mischung von irdischen, himmlischen und menschlichen Energien. Beim Betreten des Ortes ist es notwendig diesen einmaligen Umständen Rechnung zu tragen, sie zu akzeptieren, zu ehren und sich zu bedanken. In katholischen Kirchen ist dies i.d.R. ein Heiliger. An anderen Kultorten befindet sich hier ein anderes Lichtwesen.
Ort: vor dem Gebäudetor rechts, symmetrisch zum Quadrat Nr. 1

Nr. 10 ‚Ort der Vereinigung/Union'

Die Energie dieses Quadrates lädt ein zur Vereinigung, zu einem Gebet das der inneren Union mit höheren Wesen gewidmet ist, der Union zweier Menschen anlässlich einer Heirat, einer Taufe oder eines letzten Abschieds und der Aufbahrung, etc.
Ort: Dieses Quadrat befindet sich in der Zentralallee wenige Meter vor dem Altar.

Nr. 11 ‚Beschützer vor dem Astralen'

Dieses Quadrat ist nicht persönlich zugänglich. Es dient ausschliesslich dem Ort. Ich bekomme die Information, dass es sich hier um einen Cupido Engel handelt (Sphäre 17); Cupidos sind sehr hohe Engelwesen, die sich um die Künste, die Liebe, die Schönheit (z.B. des Ortes) kümmern.

Nr. 12 ‚Beschützer vor Widersacher Energien'
Dieses Quadrat ist nicht persönlich zugänglich. Es dient ausschliesslich dem Ort. Der Beschützer ist ‚das universelle Bewusstsein' (siehe Christus Briefe Nr. 5)

28. Die 12 Quadrate als Meditationsthemen

Dies scheint mir die eigentlich nützliche Dimension dieser Quadrate zu sein. Von den 12 Quadraten sind in erster Linie 7 dazu geeignet, sich meditativ, fühlend darauf einzulassen: 2, 4, 5, 6, 7, 8, 10; ev. auch 1 und 9.
Es genügt wenige Metern entfernt auf einer normalen Stuhlreihe zu sitzen und sich in die Energie des Quadrates vor uns zu vertiefen. Ist dieser erlebte Zugang erst einmal erstellt, kann auch zuhause weiter zum Thema meditiert werden, indem wir uns mit dem Erlebten in der Kirche in der Erinnerung verbinden. Voraussetzung, um Zugang zu finden, ist u.a. gefühlsmässig dasjenige Thema/Quadrat auszuwählen, das uns z.Z. nahe steht. Es hat wenig Sinn sich gleichzeitig in eine ganze Reihe Quadrate/Themen zu vertiefen. Die Auswahl muss über das Herz geschehen. Das braucht etwas Zeit, um auch wirklich in die fühlende Dimension einzutreten und sich nicht vom Willen/Intellekt leiten zu lassen. Ohne gefühlsmässiges Vorgehen, wird die Wahl wahrscheinlich nicht viel bringen. Das kann man nicht erzwingen. Unsere Gefühle und feineren Empfindungen sind der Schlüssel. Zeichnet sich an diesem Tag keine Vorliebe zu einem bestimmten Quadrat ab, ist es besser, es an einem anderen Tag wieder zu versuchen. Doch der Auswahlprozess kann auch zuhause weitergehen, z.B. auch in einem Traum, also weiter ‚rechtshirnig' intuitiv.

Die 12 Themen sind mit den Trigrammen des I Ging's oder den Tarotkarten vergleichbar. Die Vertiefung in ein Thema braucht Zeit, verlangt ein Loslassen von Konzepten und vorgefassten Ideen. Nach meiner Erfahrung ist wahrscheinlich eine Serie von Meditationen zu einem Quadrat nötig, denn die Themen sind

weit und tief. Es sind unendliche Themen zu denen es keinen wirklichen Abschluss gibt. Das ist der Grund warum sie gerade an diesen Orten zu finden sind.
Es sind Orte zum Studium der Weisheit des Universums.

29. Die **Versammlung der 576**

Herbst 2019 geschah etwas Unerwartetes. Ich begann im Gras Dutzende von Quadraten am heiligen Ort der Berboules zu finden und zu fotografieren. Ich brachte eine diplomierte Botanikerin hin, die auch nur feststellen konnte, dass deutliche Muster in der Vegetation sichtbar waren, alles 108x108cm Quadrate. Wir fragten nach der totalen Zahl und bekamen die Antwort 567. Mir war durch Fragen klar geworden, dass hier eine Versammlung vorbereitet wurde und dass sich auf jedem Quadrat ein Geistwesen einfinden würde (Naturgeistwesen, Devas, Engel). Sie würden alle aus den Sphären 1-17 sein. Die Wesen einer Sphäre haben ihr Quadrat im entsprechenden Ring (siehe Darstellung). Es sollten im Ganzen vier Versammlungen stattfinden: am 24.11.19, 5.1.20, 2.2.20 und zum letzten Mal 12.4.20 am Ostersonntag. Dazu werden vermutlich später weitere folgen. Jedes Mal erreichte das Energieniveau vor Ort nie vorher gemessene Höhen und zwar innerhalb aller Kreise. Die Versammlungen schienen um 04 Uhr zu beginnen und, das erste Mal um 16 Uhr, danach gegen 10-11 Uhr zu enden.

Zweck dieser Versammlungen war die Koordination der verschiedenen Naturgeistwesen und die Erklärung der gegenwärtigen energetischen Veränderungen auf der Erde. Ähnliche Versammlungen fanden an mehreren vergleichbaren Orten statt, in Frankreich und überall auf der Erde. Es handelt sich um einige der heiligen Orte 1. Ordnung.[1] (siehe auch S. 46) Kleinere Naturgeistwesen sollten die Gelegenheit haben erfahrenere Geistwesen der höheren Engelhierarchie sprechen hören, was in absehbarer Zeit energetisch vor sich gehen und damit auch die Natur und ihre Verwalter betreffen würde. Wir würden das vielleicht ‚Coaching' nennen.

Logisch gab es da nichts einzuwenden oder Zweifel äussern. Ich arbeite seit Jahren mit Naturgeistwesen aller Dimensionen zusammen und werde von ihnen über ihre Aufgabenbereiche

und gegenwärtigen Sorgen unterrichtet. Da Ganze erschien mir plausibel. Mehr erfuhr ich nicht. Ich habe ein Forscherinteresse, doch weiss ich auch wo Grenzen sind. Erstens müssen und können wir nicht alles verstehen. Zweitens fühle ich mich schon geehrt so viel erfahren zu dürfen. In vielen Bereichen des Unsichtbaren, können wir nur soweit vordringen, wie dies für uns angebracht erscheint. Wir müssen uns damit abfinden. Auch hier gilt: Forcieren führt nur zu Illusionen und Mangel an Respekt.

30. **Die Funktion des kontinuierlichen Inspirationsflusses**
Die Funktion und Natur der göttlichen Wesen ist es Inspirationen aus der göttlichen Dimension zur Erde herunter zu bringen.

31. Die Quadrate als **Erdungsort von Geistwesen**
Die magischen Quadrate verschaffen Wesen des göttlichen Feldes eine Verankerung auf der Erde. Der konkrete Kontakt zur Erde ist ihnen ein Anliegen.

32. Die **Organisationsformen** der 12 Quadrate
Ich habe bisher zwei Organisationsformen der 12 Quadrate gefunden. Die axiale ist am weitesten verbreitet. In ihr sind die Quadrate symmetrisch um eine Achse angeordnet, die vom Eingang zum ‚Altar Ort' führt.
In der zirkularen Form sind die Quadrate kreisförmig um einen zentralen Punkt angeordnet, wobei die 8 Himmelsrichtungen strukturierend mitbestimmend sind. Stonehenge, Berboules (Sergeac), Côte de Jor (St. Léon s/Vézère), Kloster Samye Tibet, Ring of Brodgar

In Palmyra (Syrien) scheint eine Mischform zu existieren. Ich habe Mischformen auch an einigen anderen Orte gefunden.

33. **Die kreisförmige Organisation**
Quadrate 5-12 sind bei allen kreisförmig organisierten Orten identisch angeordnet; lediglich 1-4 sind bei Brodgar anders als bei Samye, wobei 1-4 in Stonehenge wie bei Samye organisiert sind. Interessant, wie 11 und 12 auch hier beim Innersten Heiligtum stehen, wie in der axialen Organisation. 1-8 liegen auf dem 50 m Radius Ring, den wir bei Brodgar, Stonehenge und Berboules finden. 9, 10, 11, 12 scheinen wiederum eine Achse zu bilden (N-S). Dieselbe Anordnung ist bei Samye im Tibet wieder zu finden.

Steinkreis von Brodgar (Orkney Inseln),

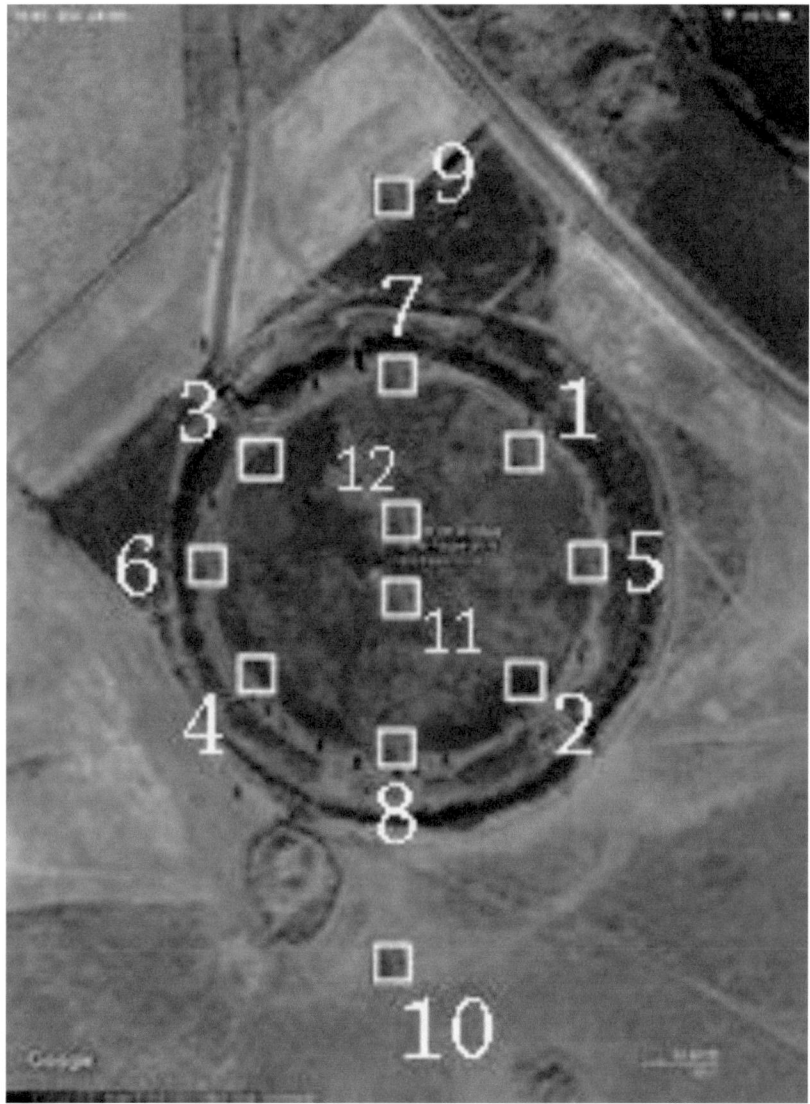

Daniel Perret - Die 12 magischen Quadrate

oben: **Stonehenge**

Samye Kloster (Tibet), Die vier Stupas (Chorten) wurden genau auf den magischen Quadraten 1-4 gebaut.

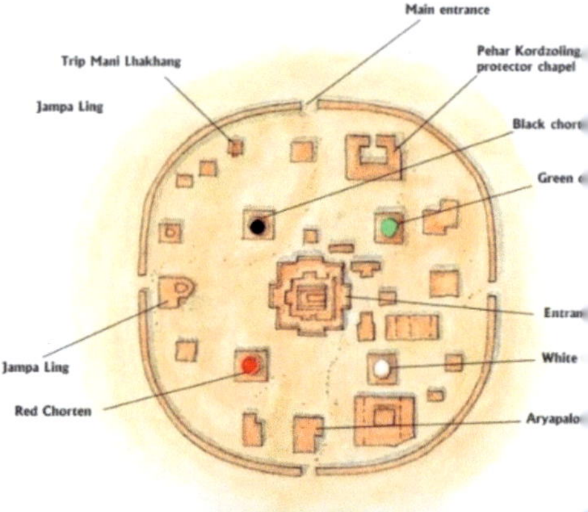

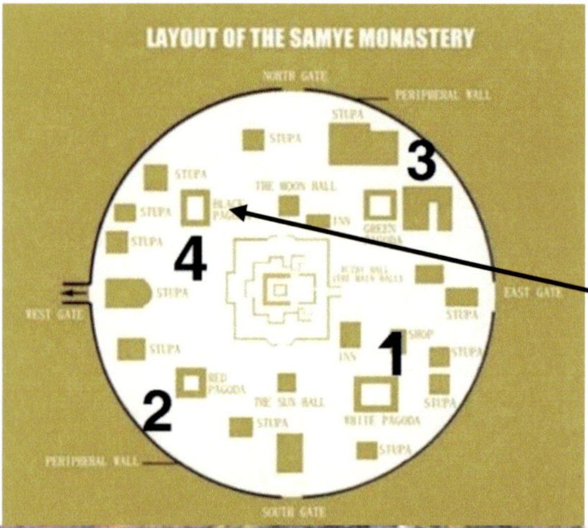

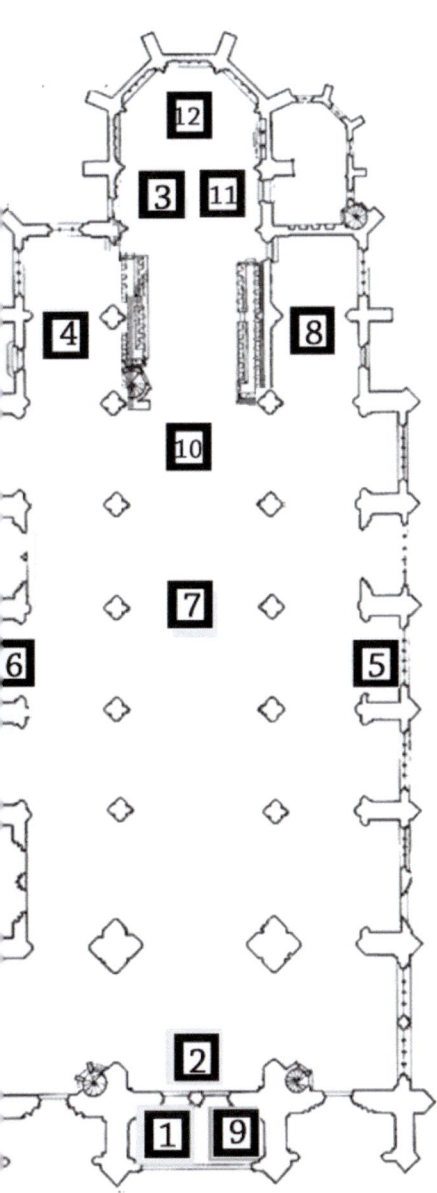

34. Die axiale Organisationsform

Die ist am weitesten verbreitet. In ihr sind die Quadrate symmetrisch um eine Achse angeordnet, die vom Eingang zum ‚Altar Ort' führt.

Links das **Berner Münster** und **Hofmannsruh in Südbayern** (Seite 69). Die beiden axialen Organisationen sind im Wesentlichen identisch. Wir finden eine völlig symmetrische Organisation der 12 Quadrate vor entlang einer Achse, die vom Haupteingang zum Altar führt. Wir könnten von vier Triaden sprechen: die drei Quadrate am Eingang, die in der Mitte, die vor dem Altar, die um den Altar.

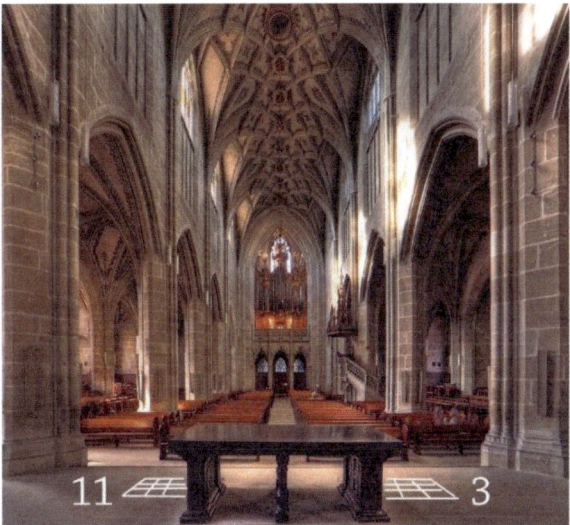

Daniel Perret - Die 12 magischen Quadrate

Daniel Perret - Die 12 magischen Quadrate

Hofmannsruh in Südbayern (An diesem alten Kultort scheint ein altarähnlicher Ort am Ende eines vermuteten Initiationsweges (2, 7, 10) zu liegen, der an den klassischen zwei ‚Eingangsquadraten' 1 und 9 beginnt.

Alaise-Eternoz, heiliger Ort 1. Ordnung südlich von Besançon, mit axialer Organisation und Bezug zum Kult der Schwarzen Madonna [7]

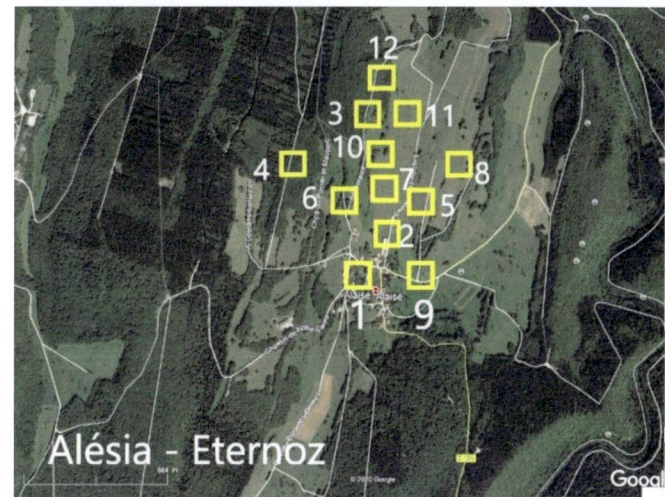

Daniel Perret - Die 12 magischen Quadrate

Die romanische Kirche St. Léon s/Vézère

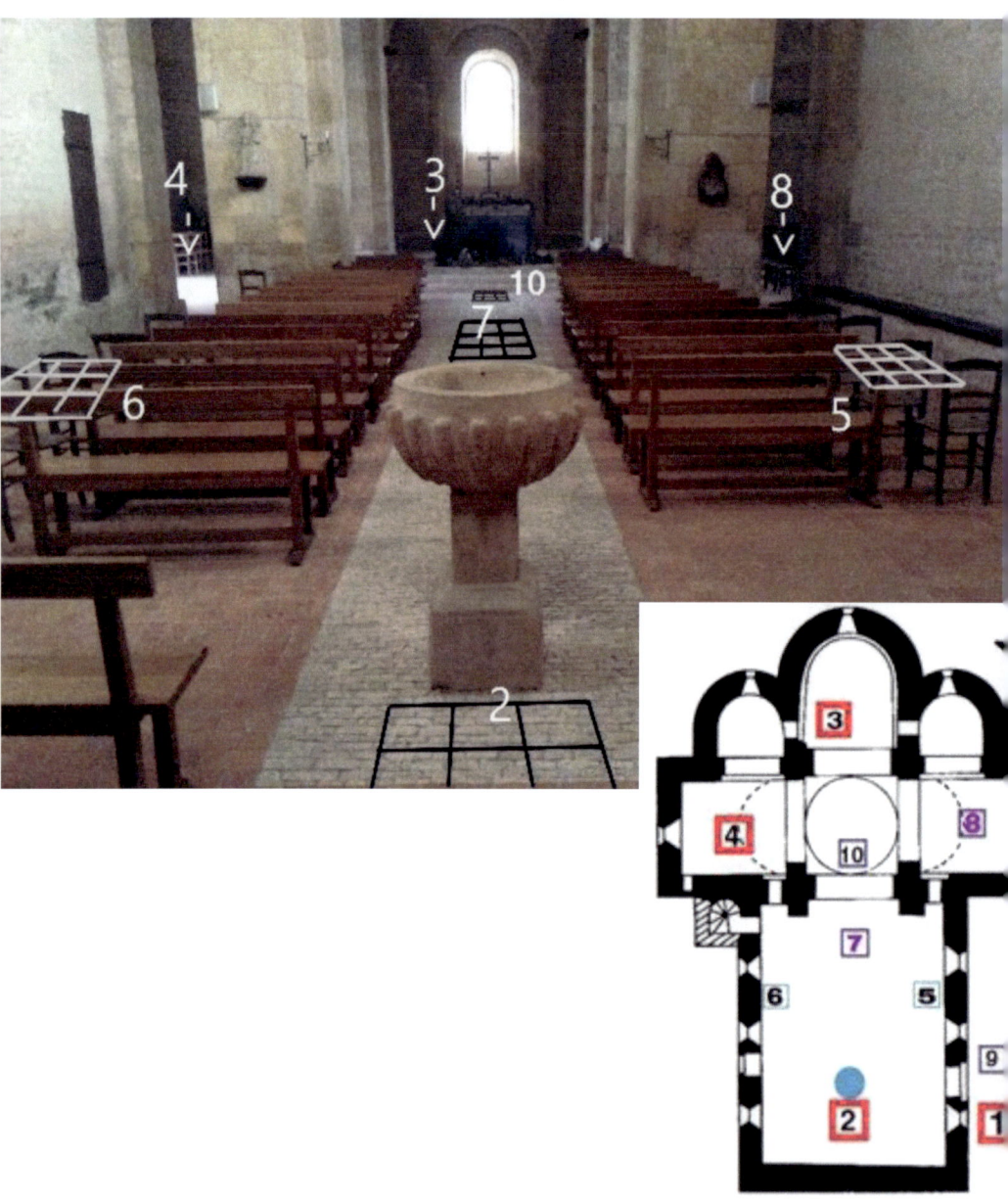

Daniel Perret - Die 12 magischen Quadrate

In der **Kirche Valojoulx** (24) finden wir auf Nr. 3 einen gefallenen Engel, der möglicherweise dort seit dem 2. Weltkrieg ist, als auf dem Gebiet der Gemeinde, mit Wissen des Priesters, ein Mitglied der Vichy Regierung hingerichtet und der Körper nachträglich misshandelt wurde. Der Kirchenengel befindet sich deshalb auf Nr. 1.

Wir beobachten, dass die nach Vatikan II (1963) erfolgte eine Verschiebung des Altars nach vorne, welche die Lage der ursprünglichen Quadrate 3, 11, 12 nicht beeinflusst hat. Wir sehen hinten den Sockel des alten Altarstandortes.

Rechts: Kirche Sergeac 12. Jhdt.

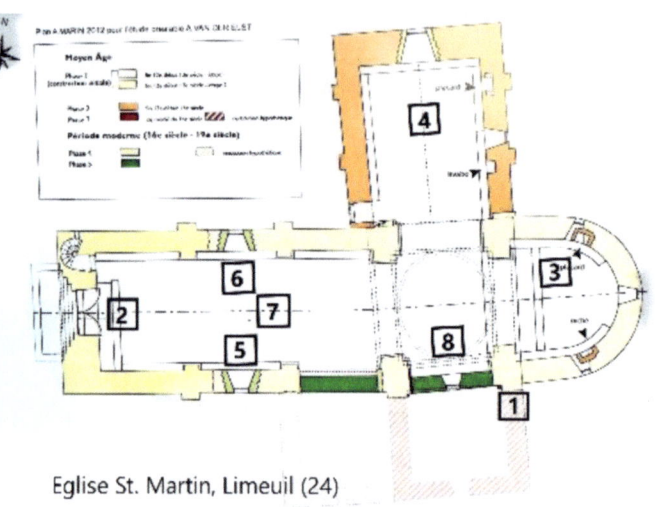

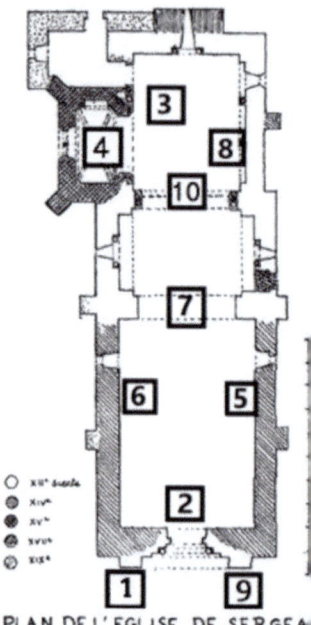

Eglise St. Martin, Limeuil (24)

PLAN DE L'EGLISE DE SERGEA

Links: Kirche St. Martin de Limeuil.
Ich habe nicht alle Quadrate eingezeichnet, doch ist die axiale Organisation sichtbar, mit Variationen für 4 und 8 entsprechend den architektonischen Besonderheiten. Dies gilt auch für Quadrat Nr. 1: seine Stellung lässt vermuten, dass der Haupteingang einmal dort war. Eine alte, heute abgebrochene, Seitenkapelle ist dort auf dem Plan sichtbar. Die Kirche erfuhr, im Laufe der Zeit, etliche bauliche Veränderungen. So ist links von der vermuteten Seitenkapelle noch eine weitere sichtbar (in noch helleren Umrissen). Die energetische Information zeigt einen älteren Standort für 1 und 9 auf der Westseite dieser zweiten Seitenkapelle, diesmal in üblicher Anordnung: 1 bei der Hauptmauer, 9 in der süd-westlichen Ecke der Seitenkapelle, sodass die Vermutung nahe liegt, dass der Haupteingang ursprünglich links war, bei den Buchstagen ‚il' von Limeuil. Die Kirche wurde von Richard Löwenherz in Auftrag gegeben.

Daniel Perret - Die 12 magischen Quadrate

Hassan II Moschee in Casablanca

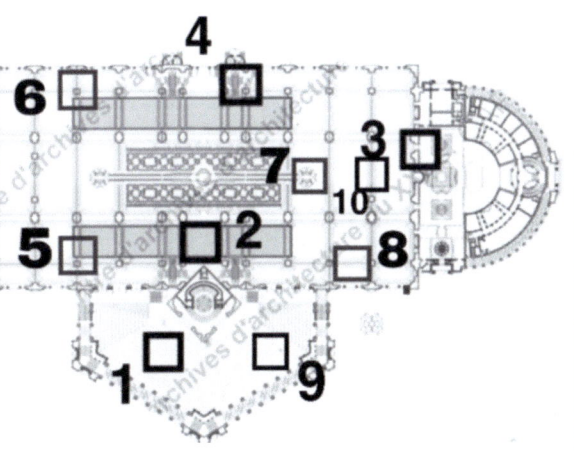

Die alte Warschau Synagoge
Alle 12 magischen Quadrate sind in üblicher axialer Weise platziert. Hier sind nur die ersten 4 eingezeichnet.

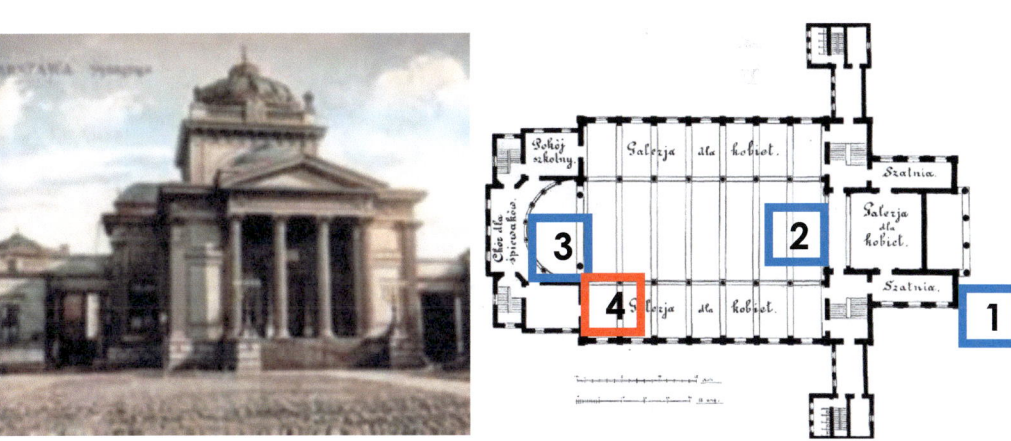

Daniel Perret - Die 12 magischen Quadrate

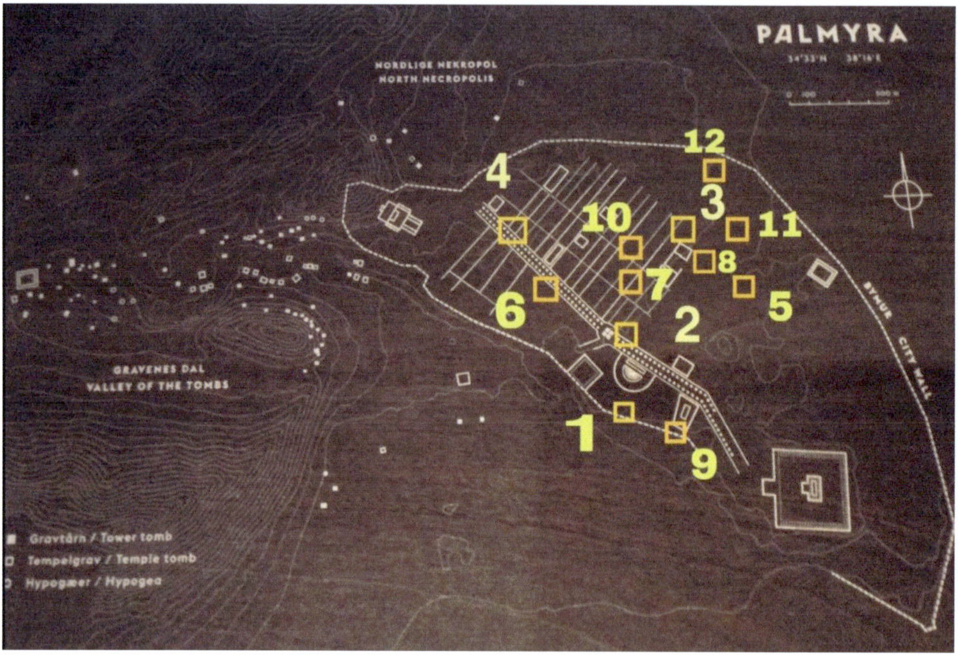

74

Die Organisation der 12 Quadrate ist sicher aus der langen Geschichte von **Palmyra** (Syrien) zu erklären. Wir erkennen eine Nord-Süd-Hauptachse (1,2,4,5,6,7,8,10) und gleichzeitig eine Süd-West-Nord-Ost Achse von 1,9 zu 3, 11, 12 führend.

Die Kaaba in Mekka

Immer von neuem faszinierend. Hier die Organisation der Quadrate innerhalb der schwarzen Kaaba. 2, 7 und 10, sonst in der Zentral Allee, sind hier genau am Ort der drei Säulen (Pillar). War dies den Architekten bewusst? Das ist erst das zweite Beispiel dieser Art nach Samye in Tibet. Das Wissen um die magischen Quadrate war bei arabischen Wissenschaftlern lange vor den europäischen bekannt. Interessant auch, wie 4, 5, 6, 8 in den Ecken zu liegen kommen und die drei ‚Altar-Quadrate' 3, 11 und 12 in erwarteter Ordnung liegen, aber nicht in der gleichen Achse wie die drei Säulen-Quadrate. Als hätten wir es hier mit einer Mischform von zwei Achsen zu tun. Die Quadrate 1 und 9 am Eingang sind erwartungsgemäss an ihrem Platz.

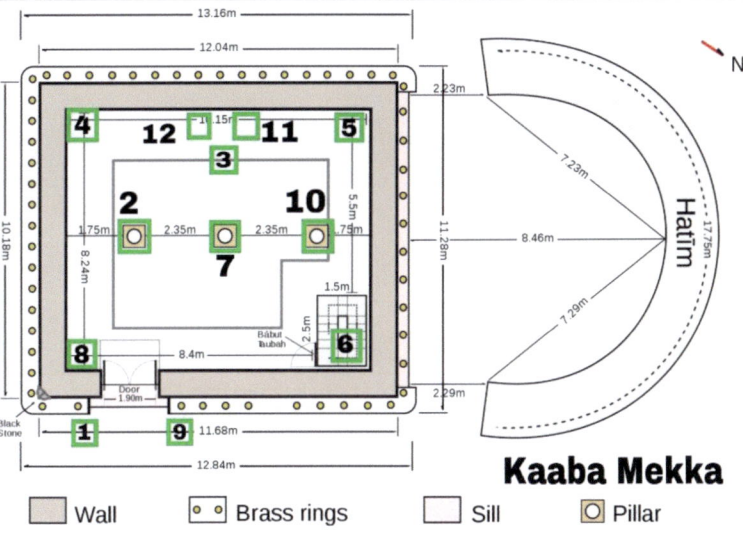

Kaaba Mekka

Daniel Perret - Die 12 magischen Quadrate

Weitere Kultstätten

Ich habe etliche Kultstätten in allen erdenklichen Religionen und Gegenden stichprobenartig untersucht. Die grundlegende axiale Organisation ist überall dieselbe. Je nach Architektur gibt es Verschiebungen, wie beim Cebu Temple, wo das Eingangsgebäude offenbar nicht in Linie ist mit dem Haupttempelgebäude. Das lässt sich auf den Luftaufnahmen nicht vorausahnen, weil wir nicht wissen können, was genau sich unter den Dächern befindet. Dass die Hartmann-Antenne dennoch ‚ihren Weg' findet, ist eher beruhigend. Es bezeugt, dass ich die axiale Grundform nicht willentlich jedem Ort einfach aufsetzen kann. Wir sehen dies auch bei der vorangehenden Illustration der Kaaba in Mekka oder in Palmyra. Wenn es architektonisch möglich ist, wird offenbar das axiale Grundschema eingehalten.

Cebu Taoist Tempel, Philippinen
Taiping Taoist Tempel, Beijing
Shintô Schrein, Tokyo
alter Tempel in Karnak, Ägypten
Jami Mashjid Moschee, New Delhi, Indien
Sheetla Mata Mandir, Hindu Tempel, New Delhi, Indien

35. die Schwierigkeit magische Quadrate wahrzunehmen

Ich weiss, dass einige Schwierigkeiten haben werden, diese Quadrate auf Anhieb zu finden. Ich habe dies S. 23ff beschrieben. Die methodologischen Überlegungen dürften hier weiterhelfen. Ich wünschte, ich hätte eine einfache Antwort. Doch glaube ich persönlich, dass eine Öffnung, neuen unsichtbaren Phänomenen gegenüber, mit der Überwindung innerer Programme zu tun hat und dass diese Überwindung uns erlaubt ‚neue Frequenzbereiche' zu erreichen. Mein Weg über Therapien, Bob Moore Ausbildung, der Öffnung zum Mystischen hin mit der Hilfe von Ignatius ging über vier Jahrzehnte. Ich bin wohl auch nicht der schnellste.

Anhang
Meine Glaubensüberzeugungen

Wissen bezieht sich auf gesicherte, meist messbare, sichtbare Fakten, Glauben besteht dagegen aus Überzeugungen. Beide, Wissen wie Glauben, können entweder von anderen übernommen worden sein oder aber auf eigenem Erleben aufbauen. Beide bilden die Grundstrukturen unseres Denkens. Sich darüber Gedanken zu machen und den Unterschied zwischen eigenem und übernommenem zu kennen, ist für uns alle wichtig, doch sicher auch beim Schreiben von Büchern oder dem Unterweisen anderer.

Ich glaube an die Existenz unsichtbarer Welten und Wesen. Ich glaube auch feststellen zu können, dass die Geistwesen über einer vermehrten Kooperation mit uns sehr glücklich sind. Sie wissen auch, dass wir einiges beitragen können, was sie nicht können, und umgekehrt natürlich. Das liegt vor allem daran, dass wir eine physische Existenz haben und sie nicht.

Ich glaube auch, dass das Universum und die Natur grundsätzlich freundlich sind, dass Liebe wohl das oberste Gesetz darstellt, dass wir ein Geburtsrecht auf Kreativität, Individualität und persönliche Entwicklung haben.

Ich glaube, dass wir selber abschätzen können, ob unsere Handlungen, Worte oder Gedanken in Einklang sind mit den Gesetzen des Universums (Liebe, Wahrheit, Ursache-Wirkung) oder nicht. In dem Sinn ‚bezahlen wir immer früher oder später unsere eigene Rechnung'. Einen ‚strafenden Gott' gibt es nicht.

Ich liebe Denkfreiheit über alles. Dies hat dazu geführt, dass ich mich weder einer Gruppe zugehörig noch einer besonderen Denkweise verpflichtet fühle. Das Schreiben eines Buches über Energie macht mich nicht zum Experten. Es ist lediglich der schriftliche Zeuge meiner eigenen Erkenntnis und Forschung auf energetischer Ebene. Die zwanzig Jahre Unterricht bei Bob Moore haben mich und mein Vokabular sicher stark geprägt. Doch gehöre ich keiner ‚Schule', keiner ‚Gruppierung' an. Oft bewege ich mich ausserhalb gegebener Denkstrukturen. Dies erfolgt nicht aus Überheblichkeit, sondern ist die Folge meiner Zusammenarbeit mit dem Thinktank der Geistwesen C. Sicher spielt dabei mein Freiheitsdrang im Denken mit. Seit den 8 Jahren, in denen ich mit C und anderen Geistwesen zusammenarbeite, weiss ich deren umfassendes Wissen zu schätzen. Dies gibt mir Sicherheit im Ausdruck, ich zögere nicht Informationen von C als richtig anzusehen. Das fusst auf einer inneren Sicherheit, einem spirituellen Unterscheidungsvermögen, das sich über die Jahre aufbauen muss. Ich weiss einfach: es ist so.

Ich brauche den Schreibprozess, um meine Gedanken und Forschungen zu organisieren, zu formulieren, nicht zuletzt, weil ich diese Stoffe unterrichte.

Herkunftsebenen feinstofflicher Energien

Im Folgenden sind einige Hinweise zu finden woraus feinstoffliche Energien bestehen und woher sie kommen. Jedes Mal müssen wir uns vorstellen, dass wir einen total anderen Frequenzbereich vor uns haben, sei es im Ätherischen, Astralen, Mentalen oder Spirituellen. Diese Angaben von C sind eine Herausforderung für unseren Geist. Sie erweitern unseren Horizont und lassen uns entdecken, wie weit das Gebiet der feinstofflichen Energien ist. Die folgenden Listen enthalten nicht alle Arten und Ebenen subtiler Energien. Nach meiner Überzeugung gibt es z.B. auch eine Anzahl ‚paralleler Welten' mit Wesen, die alle als Bewusstsein, Frequenzen und Energie existieren.

Die 21 Sphären des göttlichen Feldes

Sphären 17-20 die ‚**regierenden, richtungweisenden**' Engel
Sphären 12-16 die ‚**ausführenden, verwaltenden**' Engel
Sphären 1-11 die ‚**Übermittler**' zwischen den Engeln der Sphären 12-20, den Menschen und den Naturgeistwesen.
Um das Konzept der Ebenen nicht als Wertung zu interpretieren, nenne ich sie Sphären, im Sinne von Inspirationsmilieus.

1. **Landschafts- oder Umgebungsengel**,
   Dagdas & Devas, Zeitgeist
2. **Engel von kleineren Seen, Flüssen und Wüsten**
   (z.B. Namibische Wüste)
3. Weisheit und Erfahrung der **Naturgeistwesen**
   Kali (Auflösen und Erneuerung); Engel der Strato Cirrus Wolken; **Regionale Landschaftsengel**; Engelwesen der grösseren Wüsten (Gobi & Sahara), die sehr grossen Elementarwesen (Erde, Wasser, Feuer, Luft, 5ten Art), Vulkanwesen
4. Inspiration von **schamanischen Lichtwesen**
   Engel kleinerer Regenwälder (z.B. Indonesien)
5. **Engel der grossen Regenwälder** (Amazonas, afrikanischer Äquator); Weisheit der Tiere; Sophia (Weisheit); Teile des kollektiven Unterbewusstseins; Vitalenergie; grosse Elfen
6. **Nationenengel** - Kunstwerke, die vom ihm inspiriert sind und dazu beitragen, den Geist einer bestimmten Nation weiter zu entwickeln
7. **Engel von Kontinenten**: Europa, Mittlerer Osten, Nord Amerika, Afrika, etc. Dakinis; gewisse Erzengel, die nicht unter 11 aufgeführt sind
8. **Engel der Ozeane**: Atlantik, Pazifik, etc.,
   Engel kleinerer Bergketten wie Pyrenäen, Appalachen;
   Respekt von Leben und Schöpfung;
   Engel der Wissenschaften, des Wissens und der Bildung
9. **Engel von grossen Bergketten**: Ural, Himalaya, Alpen; irisch-keltische Göttin St. Bridget (Frühling und Poesie)
10. **Engel des Planeten Erde**

11. **Kirchenengel** (Schutz der Altare, Statuen, Kreuze, Objekte), sowie die Erzengel: Raphael(Heilung), Uriel (Lehren), Michael (Lichtbringer), Hesediel (Botschafter des göttlichen Willens), Gabriel (Erzengel der Kreativität und Überbringer guter Nachrichten), Jehudiel (Dienst am anderen), Sandalphon (Klang und Gebete), Raguel (Gerechtigkeit), Raziel (Weisheit), Binael (persönliche Transformation), Ramiel (Hoffnung & Aspiration), Saraquiel (Glaube und spirituelle Kraft)
12. **Archaï** Engel = ‚Fürstentümer', sie leiten die irdischen Regenten, Führer, Völker, Gemeinschaften und repräsentieren Denken, geistige Energie und Bewusstsein.
13. **Kyrioteies** = ‚Herrschaften' regeln die Pflichten der unter ihnen stehenden Engelklassen; ihre Energie ist reine Gnade; Vermittler der Lehre Christi, der Vitalität und Lebensfreude, Geister der Weisheit; Ignacio de Loyola, Franz von Assisi, Theresa von Avila, St. Hildegard, u.a.m.
14. **Exusiai** = ‚Gewalten'. Geister der Form, Schöpfer der Formen. Sie schützen die himmlischen Sphären vor allen negativen Einflüssen der irdischen Sphäre. Halten die Welt im Gleichgewicht (speziell zwischen Lichtwesen und den dunklen Mächten).
15. **Dynameis** = ‚Mächte', sind verantwortlich für die Zyklen der Sterne und Planeten im Universum; Geistwesen der Hauseinweihungen
16. **Dominationes** = sie *leiten* den Erdengel sowie die Engel der Kontinente und Nationen
17. **Cupidos** - Hohe Engel der Kunst, Liebe und Schönheit
18. **Throne** – Hohe Engel der Lebensenergie und des kosmischen Willens; geben Strukturen und Impulse für die Menschheit
19. **Cherubim** - Übertragung von Erkenntnis, Wissen, Harmonie und Weisheit Gottes
20. **Seraphim** – ‚die Entflammenden'; Engel des Lichtes, der Liebe und des Feuers
21. **Die Schöpfersphäre**: Schwarze Madonna/Maria, Christus, der Schöpfer, Heiliggeist, Buddha, Grossen Geist, Allah, etc.

Die 32 Arten mentaler Energieschichten

Die unteren mentalen/Ego Energieebenen
Beschränkung des Denkens durch dualistische Konzepte; kulturelle Glaubensstrukturen; ungeerdete Ideale; Glaubensstrukturen, die auf falschen Lehren und Autoritäten aufbauen

Die höheren mentalen Energieebenen
Informationen und Technologiewissen von Ausserirdischen, Informationen von Lichtwesen und Engeln, Natur des Lichtes, unterliegende Konzepte der Harmonie und der Schönheit, Ästhetik, Natur der Non-Dualität, Natur der Liebe, Geist der Evolution und Innovation

Die 24 Arten astraler Energieschichten

Im unteren astralen Bereich: Energien der Angst, der Unehrlichkeit, der instinktiven Triebe, Ärger, Wut, Hass, Gier, Eifersucht, Neid, Konkurrenzverhalten, Sarkasmus, Zynismus, Selbstmitleid, Motivationsschwäche, etc.

Im oberen astralen Bereich: Erfolg, Wahrheit, Freude, Mitgefühl, Glaube, Vertrauen, Ekstase, Einheit, Sanftmut, Gedanken- und Glaubensfeiheit, Harmonie, Ewigkeit, etc.

Liste der Widersacher-Kräfte

Ich sehe Widersacher Wesen als Gegenteil der Lichtwesen. Widersacher Wesen stehen nicht direkt im Dienst der Engelhierarchien oder anderer Lichtwesen. Trotzdem sehe ich sie in erster Linie als Wesen des Göttlichen, die uns etwas lehren möchten. Sie erscheinen uns, weil wir eine Schwachstelle, einen blinden Fleck in unserem Denken haben. Sie sind ein ‚Stein in unserem Schuh' solange, bis wir ihre Botschaft verstanden haben. Deshalb bekämpfe ich sie nicht, sondern respektiere sie für ihre Funktion. Wenn es sich um ‚Schwere Kaliber' handelt, so bitte ich andere Lichtwesen sich darum zu kümmern, namentlich Dr. Augusto de Almeïda.

Widersacher-Kräfte sind Eindringlinge, die unseren freien Willen nicht respektieren. Der beste Schutz, ist deshalb unseren Anziehungspunkt zu ihnen, unseren blinden Fleck zu finden und zu beheben. Ich bekämpfe sie nicht, aber bitte sie zu gehen.

Gefallene Engel - untergraben unseren Glauben. Ich finde sie oft in Kirchen, in denen, in den letzten 2000 Jahren, ein Mord mit Wissen der Kirche geschehen und vertuscht worden ist. Hier ist meistens eine Heilung durch die Gemeinde erforderlich.

Ante-Christ Phänomen - ein schweres Kaliber

Schwarze Magie - ein schweres Kaliber

Luzifer - übersteigerte, nicht geerdete Ideale

Ahriman - verneint das Spirituelle, möchte uns zu Robotern machen

Problematische Ausserirdische:
- die Grauen - generieren Ängste
- die Dracos
1. Echsenart - untergraben den freien Willen
2. Krokodilart - untergraben unsere Kreativität
3. Schlangenart - lassen uns an der Persönlichkeitsentfaltung Zweifeln
- Wesen von Redshift 7, sind manchmal Widersacher Kräfte, können aber auch neutral sein; sie scheinen, uns lehren zu wollen, dass ein Sich-Isolieren, Sich-mit-Mauern-umgeben, ein Engpass ist. Redshift 7 ist eine Galaxie.

Elementarwesen – die sich verletzt und nicht respektiert fühlen, weil ihnen von menschlicher Seite ein Unrecht angetan wurde. Nur dann treten sie mit irritierenden Verhalten auf, um eine Verhaltensänderung unsererseits herbeizuführen.

Egregore – Ansammlung von menschlichen Emotionen und Denkstrukturen

Umherirrende, verzweifelte Seelen Verstorbener

Fanatische, grausame Kräfte von jenseits des Tierkreises herkommend (wie z.b. die Energie, welche hinter der islamischen Terrorgruppe Isis steht)

Dämonen – entstehen/werden angezogen durch menschliche Emotionen, wie Abhängigkeiten von Drogen, Alkohol, Medikamenten, Bildschirmen, Handys, Spielen, Sex, Fernsehserien, etc.

Es gibt auch die Wesen des Astralen, die selber mit egoistischen Motivationen vorgehen. Wir ziehen diese an, wenn wir uns selber von unklaren egoistischen Motivationen leiten lassen. Wollen wir dies vermeiden, ist wiederum die Arbeit an den drei unteren Chakras eine Priorität.

Energieschichten der menschlichen Aura [9]

Wir können vier Gruppen von Energieschichten im menschlichen Energiesystem unterscheiden:
- **Die Schichten dieses heutigen Lebens**:
  spirituelle, causale, mentale, astrale Aura & Ätherkörper
- **Die drei temporären Schichten der Seele**:
  Welche die Blaupausen unseres heutigen Lebens enthalten und vor unserer Konzeption geschaffen wurden.
- **Die zeitlosen Schichten unserer Seele**:
  Mit der Essenzschicht sowie der göttlichen Seelenschicht
- **Die kollektiven Schichten**:
  Die planetarische und die beiden kosmischen Schichten

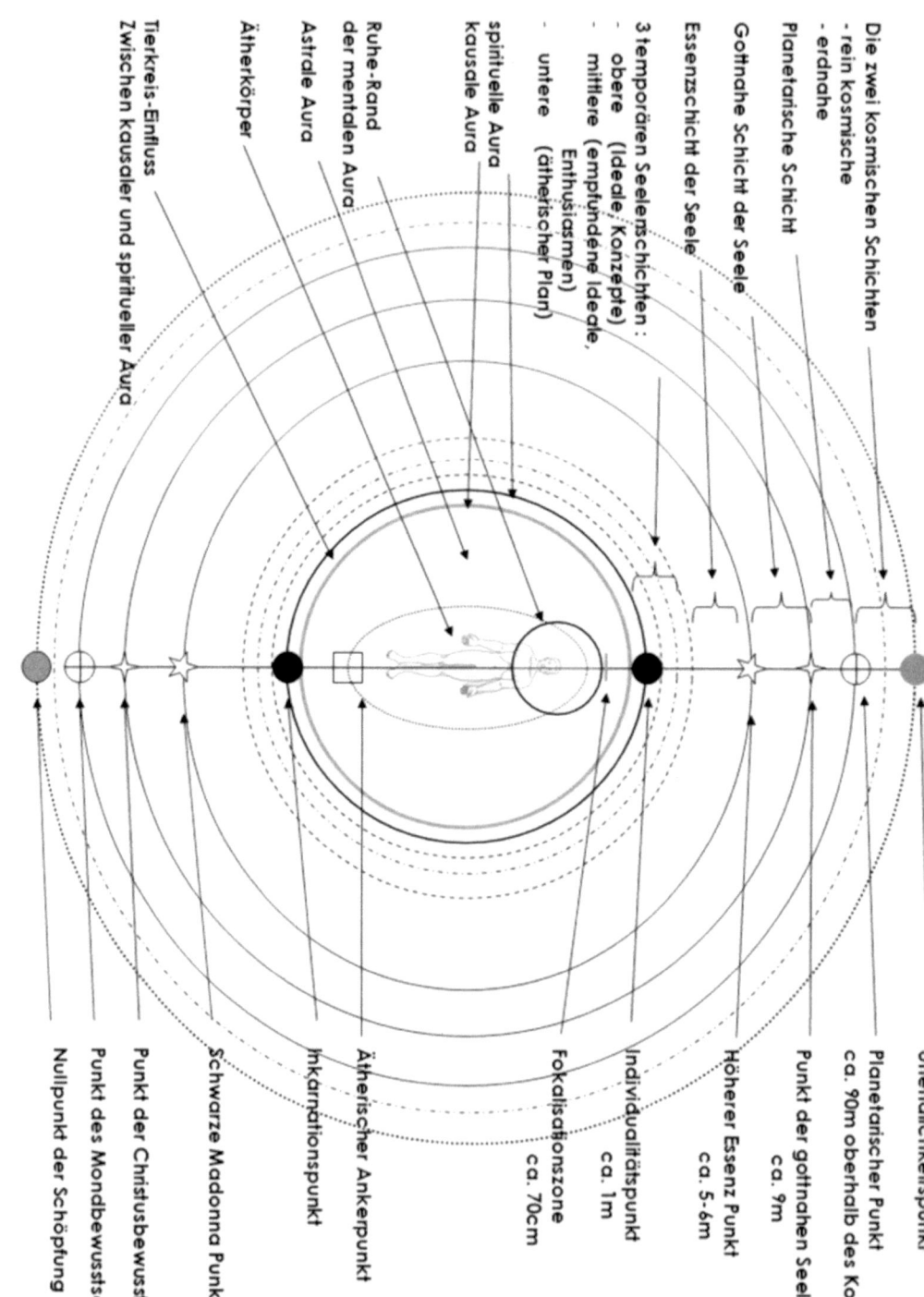

Der menschliche Ätherkörper

Die **untere Schicht des Lebensäthers**, die Schicht, die direkt über der Hautoberfläche liegt, fördert den Austausch mit dem Lichtäther direkt unter der Hautoberfläche. Dies ist sehr wichtig, da oft eine Kluft besteht zwischen diesen zwei Schichten, die auf einen Mangel an Verständnis, fehlende Aufrichtigkeit in Bezug auf Gefühle und deren Ausdruck zurückzuführen ist. Dies geschieht, wenn vertuscht wird ‚was einem unter die Haut geht'. In vielen Übungen, die Bob Moore uns lehrte, mussten wir empfundene Linien der Hautoberfläche entlang ziehen; so konnten wir u.a. Stellen beobachten und heilen, bei denen diese zwei Ätherschichten getrennt waren.

Die Schichten des äusseren Ätherkörpers

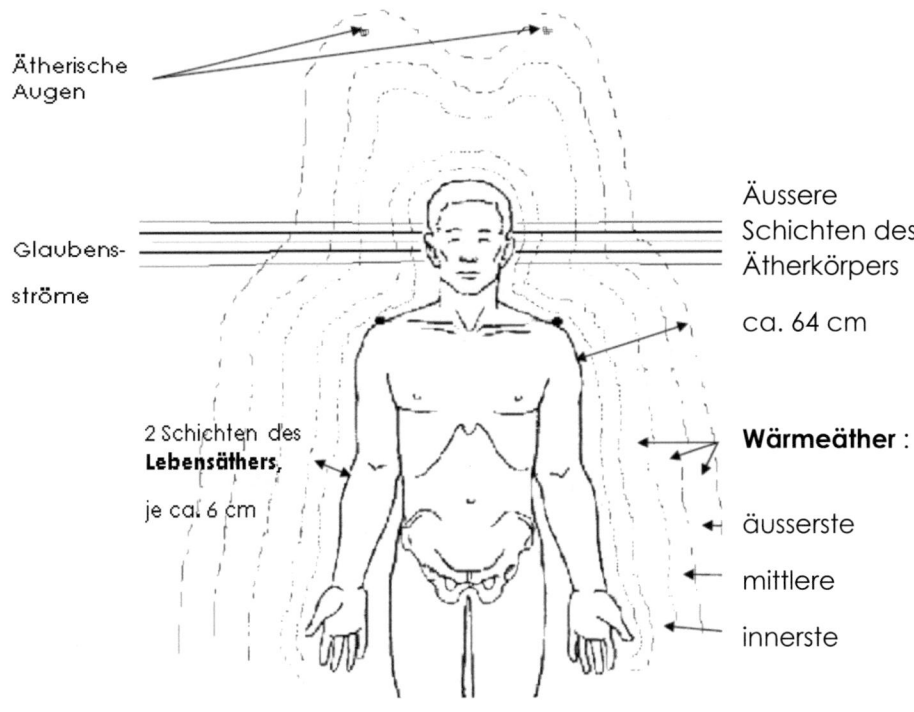

Daniel Perret - Die 12 magischen Quadrate

Die **obere Schicht des Lebensäthers** funktioniert als Gedächtnis aller unserer Sinneseindrücke: Klänge, Worte, Gerüche, Bilder, Szenen, Berührungen, Geschmäcker. Dies ist eine der Hauptfunktionen des Ätherkörpers: das undifferenzierte aber sinnvolle Lagern all unserer Wahrnehmungen. Dabei lagern sich diese in der Nähe des betroffenen Körperteils ab. Nach dem Tod zieht unser ganzes Leben in allen Einzelheiten an uns vorbei. Somit können wir sehen, was wir taten, dachten und sagten und die Konsequenzen besser verstehen um davon lernen zu können. Die ‚Haut' des oberen Lebensäthers enthält das ätherische Schutznetz, das uns vor unkontrollierten astralen Einflüssen schützt. Dieses Netz kann durch Drogen beschädigt werden, indem diese darin grössere Löcher reisst, was uns übermässig verletzlich macht.

In meinen Büchern ‚Die Wissenschaft des spirituellen Heilens', ‚Erd-Heilen', ‚A wider Self' sowie ‚Die Chakras' habe ich einiges zum Ätherkörper geschrieben.

Der Reflektoräther besitzt drei Schichten
Hier ein Zitat von Bob zum **Reflektoräther**: *„Der Reflektoräther ist der höchste Äther, der höchste Energiekontakt den wir erreichen können. In diesem Energiekontakt haben wir alle notwendigen Dinge, wir haben Frieden, Zufriedenheit in uns, wir haben die Verbindung zum Universum, wir haben die Beziehung zu Licht, wir haben, was vom diesem Licht in unseren Körper hineindringt in den chemischen Äther. Dann haben wir auch die Ausgewogenheit des Lebens, die wir im Gleichgewicht zwischen Natur und uns selbst finden. Der Reflektoräther spiegelt all dies wider als Kombination, aber hauptsächlich zentriert um Frieden."*

Diese Worte sind wegweisend. Der Ätherkörper ist ein Wunderwerk der Natur. Doch der äusserste Wärme-/Reflektoräther enthält sehr viel Unfassbares in unserem Bezug zum Universum und dem Göttlichen.

Die Äther Schichten im Innern des Körpers

Der Lichtäther

Er wird auch der Wahrheitsäther genannt und hat einen starken Bezug zum Element *Feuer* und universellen Strukturen wie Licht, Liebe und Leben. Licht ist sehr wichtig in der Heilung von Depressionen. Der Lichtäther befindet sich gleich unter der Haut und muss pulsieren und vibrieren. Wir finden ihn auch um die Kopfgegend herum und speziell in den Zonen, die mit dem Denkprozess verbunden sind. Sein Symbol ist das Dreieck.

Bob Moore: "Der Lichtäther hat einen Bezug zu universellen Strukturen. Er bewirkt, dass wir physisch am Leben bleiben. Er reflektiert nach oben. Licht brauchen wir natürlich unbedingt z.B. in Zuständen von Depression. Er bezieht sich auch auf Wahrheit und Ehrlichkeit. Es ist der ehrliche Teil in uns, der uns zeigt, wie wir uns wirklich fühlen. "

Der chemische Äther

Dies ist die innerste Schicht im physischen Körper. Er hat einen starken Bezug zum Element *Wasser*, zu Klang, Farben und Zahlen. Er wird deshalb auch Klang- oder Zahlenäther genannt. Dieser Bezug zu Zahlen können wir direkt im Periodensystem der chemischen Elemente erkennen (Mendeleiev). Der chemische Äther ist für die Ernährung der Knochen, Muskeln, Zellen und Organe verantwortlich. Er ist verbunden mit der Milz, der Leber, dem Metabolismus, der Assimilation und Elimination von Substanzen, die wir nicht mehr verwenden können (Verdauung, Menstruation). Der chemische Äther ist darauf angewiesen, dass die drei anderen Ätherschichten korrekt funktionieren. Denn ist das Zusammenwirken der vier Schichten unterbrochen oder geschwächt, kann der chemische Äther die Zellen des Körpers nicht ordentlich ernähren. Sein Symbol ist die untere Hälfte eines Kreises, eine Schale oder der Halbmond.

Meine Beziehung zu Geistwesen

Mein Lehrer Bob Moore machte nicht viel Aufhebens um Geistwesen. Das gehörte zu seiner Art uns in der spirituellen Entwicklung immer auf das Wesentliche zurückzubringen und das waren nicht die Geistwesen, sondern das Akzeptieren unserer selbst, unsere Erdung. Ist unsere eigene Basis nicht in Ordnung, wären Geschichten um Geistwesen zum grössten Teil nur Illusionen und Projektionen gewesen, die Frucht der Ablehnung unserer selbst. Er meinte Geistwesen würden mit uns in Kontakt treten, wenn die Zeit dafür gekommen sei.

Nach diesen 20 Lehrjahren hatte ich das Glück durch eine dänische Mitstudentin bei Bob, Eva Høffding, reine Kanalisierungen verschiedener Geistwesen kennenzulernen. Zum Teil kam auch Bob durch, der 2008 gestorben war. Seiner Art und Humor waren deutlich wieder zu erkennen. Die sprachlichen Unterschiede und Spezifitäten, die bei jedem Geistwesen zu erkennen waren, liessen sie als echt erscheinen. Gleichzeitig las ich die intelligenten und seriösen Interviews mit Naturgeistwesen aus der Serie der Flensburger Hefte. Auch in diesen drei Dutzend Büchern ist die Echtheit für mich gegeben, wie auch beim ehemaligen Verlagsleiter dieser Flensburger Hefte, Wolfgang Weirauch.

Um 2009 kam ich ganz überraschend in einen persönlichen Kontakt mit Ignatius von Loyola. Dieser Kontakt vertiefte sich über die Jahre und fusste unter anderem auf Kanalisationen dieser dänischen Freundin. Ich konnte ihm Fragen stellen und erhielt sehr präzise Antworten. Ich träumte auch von ihm. Gegen 2004 kam ich in Kontakt mit der Gruppe Geistwesen von Rocamadour. Eva Høffding war bei uns zu Besuch gewesen zusammen mit Bob's Frau Anni. Sie besuchten Rocamadour. Eva wurde dort von dieser Gruppe Geistwesen kontaktiert. Sie erzählte mir mehrmals davon bis ich eines Tages selber den Eindruck bekam Zugang zu ihnen zu erhalten. Das war zuerst ein gefühlsmässiger, intuitiver Kontakt. Die Tatsache, dass ich erstklassige Kanalisierungen miterleben durfte, hat es mir erleichtert zu erkennen, dass intelligente Wesen im ‚Jenseits' leben.

Um die Jahrtausendwende lernte ich einen Freund kennen, der mir die Handhabung der Hartmann-Antenne und die Kunst des Fragenstellens beibrachte. Dies brachte den Beginn des Dialogs mit dem Collegium der Geistwesen von Rocamadour, die ich C nenne. Ich habe mit ihnen seither eine Anzahl Bücher geschrieben und ihr umfassendes und präzises Wissen schätzen gelernt. Ich lernte zu bestimmten Themen Listen von Möglichkeiten anzufertigen, sodass ich sie mit der Hartmann-Antenne durchgehen konnte, um z.B. zu wissen welches Wesen ich vor mir hatte. Das sind Vertrauensverhältnisse, die sich über lange Jahre aufgebaut haben und an denen ich nicht mehr zweifle. Ich musste auch einsehen, dass konstantes, neurotisches Zweifeln im Grunde genommen ein Mangel an Respekt bedeutete. Ich konnte nicht jeden Satz beginnen mit ‚Es scheint, dass…'. Denn es ‚schien' nicht, sondern war einfach eine Tatsache. Sonst hätte ich auch gleich ganz damit aufhören können.

Ich habe seither die Aussagen von C auf alle erdenklichen Arten hinterfragt. C gab mir auch bereitwillig Auskunft, wer alles in diesem Collegium mit machte. Mit Hilfe der Hartmann-Antenne und den Ja/Nein-Antworten war dies ein längeres Procedere, doch die Antworten waren präzise und plausibel.

C hat mich auch gelehrt, dass ich sie nach dem Reinheitsgrad einer Kanalisierung oder Umsetzung einer Inspiration in einem Kunstwerk befragen kann. Da dies immer mit meinem eigenen Gefühl übereinstimmt, hat sich in mir ein höheres Unterscheidungsvermögen gebildet.

Wer ist C ? (Auszug aus meinem Buch ‚Erdheilen')

C ist ein Kollegium von Geistwesen, das ursprünglich in Rocamadour verankert war. Es ist eine Art ‚Think Tank' mit sehr weit gefassten Aufgaben und Interessengebieten. Dies ist das 6. Buch, das ich zusammen mit ihnen schreibe.

Das Kollegium umfasst in seinem inneren Kern
12 permanente Mitglieder
Davon waren 9 bereits einmal auf der Erde inkarniert, 7 als Christen: Papst Leon IX (11. Jhdt.), 4 Heilige: St. Amadour (1. Jhdt.), St. Alain de Lavaur (7. Jhdt), 2 weibliche – Christiane de la Sainte Croix IT (14. Jhdt.), St. Hildegard von Bingen (12. Jhdt.). ein buddhistisch tibetanischer Rinpoche, (Lama Gendune). Er war Ende 20. Jhdt. in der Dordogne tätig. 1 Wissenschaftlerin (Marie Curie); 3 waren nie auf Erden inkarniert: die Deva Königin vom Süd-Westen Frankreichs, 2 ET (ein Lehrer von Pegasus, eine Lehrerin von Arcturus)
C begann im Jahr 1026 auf Initiative der Deva Königin zu wirken. Bis etwa um das Jahr 2000 war seine Hauptaufgabe die Seelen Verstorbener zu unterrichten, die im Jenseits den ihnen von ihrem Erdenleben her bekannten Pilgerort Rocamadour aufsuchen wollten. Etwa seit 2006 begann C seine Aktivitäten viel weiter zu fassen. Dies führte zur neuen Organisation als Think Tank, als eigentliche Ideenuniversität und Wissensgremium. C ist an keine Religion gebunden.

C zählt 56 nicht permanente Mitglieder
Ignatius von Loyola, Amon, Christus, Elementargeister, etc.
14 weibliche, 42 männliche, wovon 8 ET's von der Konföderation. Viele Mitglieder des erweiterten Kreises sind Wissenschaftler, einige sind Engelwesen der Sphäre 12 Archaï Engel = ‚Fürstentümer' sowie der Engel der französischen Nation.

Schlusswort

Wo immer ich magische Quadrate finde, in welcher Konstellation und Funktion auch immer, sie bestätigen den Willen und die Präsenz von Geistwesen des göttlichen Feldes.

Es ist für mich das Beste solche Orte mit ‚Bewunderung – Dankbarkeit - und Dienst an alle Wesen' und einem Gefühl von Gebet im Herzen zu durchwandern.

Ich habe das versucht auf meiner Konzertharfe in Musik umzusetzen. Hören hilft eine Weile auf Worte zu verzichten.

danielperret.bandcamp.com/album/the-12-magic-square-cycle

Daniel Perret - Die 12 magischen Quadrate

Literaturliste

1) D. Perret 'Erd-Heilen - Eine Kooperation mit den subtilen Kräften der Erde', BoD
2) D. Perret 'Creating Divine Art', BoD
3) D. Perret 'Die Chakras', BoD
4) D. Perret 'Die Wissenschaft des spirituellen Heilens', BoD
5) Hua Ching Ni, ‚I Ching', SevenStar communications, 1983, Los Angeles
6) D. Perret ‚Eglises de tous les temps', Pumbo
7) D. Perret 'L'Accès aux Mondes invisibles', BoD
8) Anonym, 'Die Christus Briefe', christsway.co.za
9) D. Perret ‚A Wider Self', BoD

www.vallonperret.com